# Balance

## EINFACH LEICHT UND LECKER KOCHEN

**KOCHBUCH-EDITION**

# Balance

## EINFACH LEICHT UND
## LECKER KOCHEN

# Inhaltsverzeichnis

# So gut kann Leicht schmecken

Wollen wir nicht alle nur das Eine? Gesund bleiben und das Leben genießen. Zu dieser Balance gehört schlemmen, aber in Maßen, vielseitig essen, aber nicht zu viel, nicht kleinkariertes Kalorienzählen, sondern sich schlank und glücklich essen. Wir empfehlen deshalb, regelmäßig selber zu kochen. Das fängt schon beim bewussten Einkaufen an: Bevorzugen Sie frisches und saisonales Obst und Gemüse und verzichten Sie, so gut es geht, auf Fertigprodukte. So haben Sie den besseren Überblick, was Sie essen, und tappen seltener in die versteckten Kalorien- und Fettfallen von stark verarbeiteten Lebensmitteln.

Wir verstehen »Balance« nicht im Sinne von streng Diät halten. Wer sich ausgewogen und gesund ernährt, lebt glücklicher – so lautet unser Motto. Ernährung ist also mehr als essen und satt werden, es sollte Körper und Geist in Einklang bringen und nicht dazu missbraucht werden, falschen Schönheitsidealen hinterher zu eifern. Bevor Sie gleich in unsere Rezeptwelt eintauchen, die Sie unbeschwert genießen lässt, ein paar Tipps, die Ihnen Ihren Weg zu einem glücklichen Leben ebnen sollen:

Nicht jeder ist ein Frühstücker. Trotzdem sollten Sie wenigstens mit etwas Obst und fettarmen Milchprodukten nach der nächtlichen Fastenperiode in den Tag starten, um Ihren Stoffwechsel gleich morgens auf Hochtouren zu bringen.

Drei Mahlzeiten sind perfekt, denn in den Ruhephasen verbrennt der Körper am meisten Fett. Optimal ist es, wenn Sie auf Snacks zwischendurch verzichten und zwischen der Abendmahlzeit sowie dem Frühstück mindestens zehn Stunden liegen, in denen Sie nichts essen.

Um nachts möglichst viel Fett zu verbrennen, sollte Eiweiß abends eine große Rolle auf Ihrem Teller spielen. Um größere Mengen Kohlenhydrate, vor allem Zucker und Weißmehl, sollten Sie am Abend lieber einen Bogen machen.

Bei allen unseren Rezepten finden Sie auch Angaben zur Energiedichte (ED, mehr dazu auf S. 156). Dieser Wert gibt an, wieviele Kilokalorien pro Gramm Sie zu sich nehmen. Denn das Geheimnis für alle, die gut in Form bleiben wollen, ist nicht weniger, sondern anders zu essen!

Und jetzt freuen Sie sich auf unsere Rezepte, so köstlich, so einfach und doch so raffiniert!

# Suppen
# und Salate

Es gibt Momente, da möchte man Gemüsevielfalt
und Kräuter löffelweise genießen, an anderen Tagen
sind knackfrische Salate angesagt. Wir machen
es Ihnen leicht: Eine große Auswahl erfrischender,
aber auch wohlig wärmender Suppen – außerdem
bunte Salatkombinationen, die schnell und
einfach gemacht, ideal für unterwegs und zu Hause
sind, für zwischendurch oder als Super-Sattmacher.
Unser Mix sorgt für jede Menge Abwechslung
und leichte Genussmomente

# Zitronengras-Kokos-Suppe

So duftet Thailand: herrlich frisch und wunderbar exotisch. Extraleicht ist das Süppchen auch. Wer es lieber vegetarisch mag, nimmt Gemüsebrühe und ersetzt das Hähnchenfleisch durch Tofu

ZUTATEN

4 Portionen

1 Zwiebel
1 Knoblauchzehe
2 Stiele Zitronengras
30 g Galgant (siehe Tipp)
1 rote Chilischote
150 g Süßkartoffeln (Batate)
2 EL Erdnussöl
4 Kaffir-Limettenblätter
1 l Geflügelfond (Glas)
200 g Hähnchenbrustfilet
(ohne Haut; am besten Bio)
100 g Shiitake-Pilze
1 Dose ungesüßte Kokosmilch
(400 ml)
80 g Zuckerschoten
6 EL Limettensaft
2 EL Fischsauce
½ Bund Koriander

▸— Zwiebel abziehen und fein würfeln. Knoblauch schälen und fein hacken. Die äußeren harten Blätter vom Zitronengras entfernen und das zarte Innere in feine Ringe schneiden. Galgant schälen und in dünne Scheiben schneiden. Chili abspülen und mit Kernen in feine Ringe schneiden. Süßkartoffeln schälen, abspülen, längs halbieren und quer in etwa 2–3 mm dünne Scheiben schneiden.

▸— Öl in einem Topf erhitzen und Zwiebel und Knoblauch darin glasig dünsten. Zitronengras, Galgant, Chili und Limettenblätter dazugeben und 1–2 Minuten dünsten. Geflügelfond und Süßkartoffeln dazugeben und weitere 10 Minuten bei mittlerer Hitze köcheln lassen.

▸— Fleisch abspülen, trocken tupfen und quer in etwa 5 mm dicke Scheiben schneiden. Shiitake-Pilze putzen, den Stiel entfernen und die Pilzköpfe in dünne Scheiben schneiden. Kokosmilch in die Suppe rühren und kurz aufkochen lassen. Fleisch und Pilze in die Suppe geben und weitere 5 Minuten köcheln lassen.

▸— Zuckerschoten putzen, abspülen, quer in feine Streifen schneiden, in die Suppe geben und kurz aufkochen. Suppe mit Limettensaft und Fischsauce abschmecken. In Suppenschalen anrichten und mit abgezupften Korianderblättern bestreuen.

 Fertig in 45 Minuten

 Pro Portion
ca. 385 kcal, E 22 g,
F 25 g, KH 18 g, ED 0,7

# Buttermilchsuppe

## MIT ZUCCHINI

Cool genießen! Servieren Sie die erfrischende Suppe mit Dill und Minze
am besten eisgekühlt. Wenn Sie die Pumpernickelbrösel leicht rösten,
schmecken sie besonders aromatisch

**ZUTATEN**

4 Portionen, vegetarisch

1 Bund Dill
3 Stängel Minze
500 g griechischer Joghurt
(10 % Fett)
½ l Buttermilch
2–3 TL gemahlene Erdmandeln
(Chufa-Nüsse)
Salz
300 g grüne Zucchini
1 EL Olivenöl
½ TL Edelsüß-Paprikapulver
50 g Pumpernickel
Dill zum Garnieren

— Dill und Minze abspülen, trocken schütteln und grob hacken.
Kräuter, griechischen Joghurt, Buttermilch, Erdmandeln und
1–2 Prisen Salz kurz pürieren und abgedeckt in den Kühlschrank
stellen.

— Zucchini abspülen, trocken tupfen und in dicke Scheiben
schneiden. Zucchini, 1 EL Olivenöl und Paprikapulver gut
mischen.

— Eine große beschichtete Pfanne erhitzen. Zucchini hineingeben und unter Rühren etwa 4–5 Minuten braten.

— Das Pumpernickel zerbröseln. Gekühlte Suppe und Zucchini
auf tiefe Teller oder in Suppenschüsseln verteilen und mit Pum-
pernickelbröseln (eventuell vorher in einer Pfanne ohne Fett anrösten) und Dill bestreuen.

Fertig in 20 Minuten

Pro Portion
ca. 280 kcal, E 11 g,
F 18 g, KH 19 g, ED 0,8

# Kürbiscremesuppe

## MIT SALBEI UND KARAMELLISIERTEN ZWIEBELN

Alle lieben Kürbis! Vor allem, wenn ihn Sahne und eine Kartoffel so schön cremig machen. Süßliche Zwiebeln, frittierter Salbei und würziger Käse sind das i-Tüpfelchen

ZUTATEN

2 Portionen, vegetarisch

350 g Hokkaido-Kürbisfrucht-
fleisch
1 Kartoffel (75 g)
3 TL Rapsöl
Salz
½ TL gerebelter Oregano
¼ TL gemahlener Kumin
¼ l Gemüsefond/-brühe
3 EL Kochsahne (15 % Fett)
Pfeffer
2 rote Zwiebeln
6–8 Salbeiblättchen
2 EL Roh-Rohrzucker
40 g Tête de Moine-Röschen
(Mönchskopfkäse; 45 % Fett. i.Tr.)

— Kürbisfruchtfleisch und Kartoffel grob würfeln. Zusammen mit 1 TL Rapsöl, Salz, Oregano, Kumin im Gemüsefond auf-kochen und zugedeckt 15 Minuten garen.

— Kochsahne zugeben und die Suppe pürieren. Suppe mit Salz und Pfeffer abschmecken.

— Zwiebel abziehen und in Ringe schneiden. Zwiebelringe und Salbei in einer kleinen beschichteten Pfanne in restlichem Öl anbraten. Mit Zucker bestreuen und ca. 5 Minuten braten, bis die Zwiebeln karamellisiert sind.

— Die Suppe in zwei Bowls verteilen und mit Zwiebeln, Salbei und den Käseröschen anrichten.

 Fertig in 30–35 Minuten

 Pro Portion
ca. 395 kcal, E 12 g,
F 18 g, KH 47 g, ED 0,8

 Dazu 4 Grissini-Stangen

# Thai-Red-Curry-Suppe

## MIT GARNELEN

Lassen Sie sich hier mal anfeuern! In einer fruchtig-sahnigen Sauce mit feiner Zitrusnote garen Möhren, Kartoffeln und Brokkoli – wie scharf Sie Ihr Curry würzen, entscheiden Sie selbst

**ZUTATEN**

2 Portionen

20 g frische Ingwerknolle
150 g Kartoffeln
150 g Möhren
2 TL Rapsöl
Salz
1 Stängel Zitronengras
½ Dose Tomatenstücke (200 g)
2 EL Tomatenmark
½ TL Edelsüß-Paprikapulver
½ TL Fenchelsaat
1–2 TL Roh-Rohrzucker
1–2 TL rote Currypaste
75 ml Milch (1,5 % Fett)
75 ml Kochsahne (15 % Fett)
1 TL Speisestärke
200 g TK-Brokkoli
150 g TK-Garnelen
2 TL Schnittlauchröllchen

— Ingwer fein hacken. Kartoffeln würfeln. Möhre klein schneiden. Alles in Rapsöl andünsten und salzen.

— Zitronengras, Tomaten, Tomatenmark, Paprikapulver, Fenchelsaat, 1 TL Zucker, Currypaste und 200 ml Wasser zugeben, aufkochen und 10 Minuten bei kleiner Hitze kochen.

— Milch, Kochsahne und Speisestärke verrühren. Mit Brokkoli zur Suppe geben. Kurz aufkochen. Dann die Garnelen zugeben und weitere 3 Minuten bei kleiner Hitze garen.

— Zitronengras herausnehmen. Suppe mit Salz und Zucker abschmecken und mit Schnittlauch bestreuen.

 Fertig in 25 Minuten

 Pro Portion
ca. 395 kcal, E 25 g,
F 12 g, KH 45 g, ED 0,7

 Dazu 100 g gekochter
Reis (Rohgewicht ca. 30 g)

# Portulak-Gurken-Suppe

## MIT WOK-GARNELEN

Erfrischung gefällig? Der Mix aus leicht nussigem Salat plus Minze und
Gurke mit Buttermilch und Schmand ist genau das Richtige
für heiße Sommertage

### ZUTATEN

4 Portionen

150–200 g Portulak
½ Bund Minze
1 Bio-Salatgurke (400 g)
250 ml Buttermilch
250 g Schmand (24 % Fett)
1 TL flüssiger Honig
Meersalz
mildes Currypulver
8 geschälte Bio-Riesengarnelen-
Schwänze (ca. 500 g)
1 EL Butterschmalz
Orangen-Pfeffer-Mischung

— Portulak und Minze abspülen und trocken schleudern. Etwas Portulak beiseitelegen. Gurke abspülen und in kleine Stücke schneiden.

— Zuerst Buttermilch und Schmand, dann Portulak, Minze, Gurke, Honig, Salz und Curry in den Mixer geben und alles fein pürieren. Die Suppe abschmecken und für etwa 2 Stunden in den Kühlschrank stellen.

— Garnelen abspülen und trocken tupfen. Von der Kopfseite her das Fleisch längs bis zur Hälfte durchschneiden und den dunklen Darm entfernen (sogenannter Schmetterlingsschnitt).

— Butterschmalz in einem Wok zerlassen. Garnelen im heißen Butterschmalz unter Rühren 3–4 Minuten bei mittlerer Hitze braten. Salzen und mit Orangenpfeffer bestreuen.

— Garnelen auf Küchenkrepp abtropfen lassen. Die Suppe mit Garnelen und ein paar Portulakblättchen anrichten.

Ohne Wartezeit fertig in
25 Minuten

Pro Portion
ca. 370 kcal, E 29 g,
F 22 g, KH 14 g, ED 0,9

# Kalte Blumenkohlsuppe
## MIT BASILIKUM

Ein Hauch Curry sorgt für die exotische Note, weiße Bohnen machen
auf unbeschwerte Weise satt. An kühlen Tagen schmeckt
die Suppe auch heiß

### ZUTATEN

2 Portionen, vegetarisch

400 g Blumenkohlröschen
1 Zwiebel (75 g)
1 Knoblauchzehe
5 TL aromatisches Olivenöl
200 ml Bio-Gemüsebrühe
½ TL milder Curry
500 ml Buttermilch
½ Bio-Zitrone (Saft und Schale)
Salz
weißer Pfeffer
100 g Cannellini-Bohnen (Dose)
½ Bund Basilikum

— Blumenkohl, gehackte Zwiebel und Knoblauch unter Rühren
in 3 TL Olivenöl bei mittlerer Hitze ganz kurz andünsten, ohne
dass sie Farbe annehmen.

— Die heiße Gemüsebrühe und Currypulver zugeben, aufkochen
und alles ca. 6 Minuten bei mittlerer Hitze zugedeckt garen.

— Gemüse und Brühe in einem Mixer oder mit dem Stabmixer
fein pürieren, dabei die Buttermilch zugeben. Suppe mit etwas
Zitronensaft, Salz und Pfeffer abschmecken und kalt stellen.

— Bohnen, restliches Olivenöl und etwa 1 TL abgeriebene Zitronenschale verrühren und mit Salz und weißem Pfeffer würzen.

— Zum Essen die Hälfte der Suppe und Bohnen anrichten und
mit reichlich Basilikumstreifen bestreuen. Restliche Suppe
und Bohnen in den Kühlschrank stellen.

Ohne Kühlzeit fertig in
20–25 Minuten

Pro Portion
ca. 420 kcal, E 23 g,
F 13 g, KH 49 g, ED 0,6

Dazu 2 halbe geröstete
Vollkornbrötchen (100 g)

# Erbsen-Minz-Suppe

Blitzschnell fertig: In Pfefferminztee gegarte Erbsen und Kartoffeln sorgen das ganze Jahr fürs Frische-Feeling. Ein Schuss Milch schafft Cremigkeit

### ZUTATEN

4 Portionen, vegetarisch

1 fein gehackte Zwiebel
2 gewürfelte rohe Kartoffeln
1 EL Olivenöl
Pfefferminz-Tee (für 750 ml Tee)
450 g TK-Erbsen
350 ml Milch
1–2 TL gekörnte Gemüsebrühe
Salz
Pfeffer
1–2 EL hochwertiges Olivenöl

— Zwiebelwürfel zusammen mit den gewürfelten Kartoffeln in 1 EL heißem Olivenöl anbraten. 750 ml Pfefferminz-Tee zubereiten und zugießen. Aufkochen. TK-Erbsen zufügen und etwa 10 Minuten kochen.

— Milch und Gemüsebrühe zur Suppe geben, kurz aufkochen und mit einem Stabmixer fein pürieren. Eventuell zusätzlich durch ein Sieb streichen.

— Suppe mit Salz und Pfeffer abschmecken und mit 1–2 EL feinstem Olivenöl beträufeln.

 Fertig in 20 Minuten

 Pro Portion
ca. 235 kcal, E 12 g,
F 10 g, KH 24 g, ED 0,5

**Tipp**

Haben Sie einen Milchaufschäumer
zu Hause? Dann setzen Sie der Suppe
ein zartes Milch-Häubchen auf und
nennen sie »Cappuccino von der Erbse«.
So sparen Sie sogar die Kalorien vom
Olivenöl!

# Nudelsuppe

Die tut so gut! Löffeln Sie sich mit Paprikahähnchen, Maiskolben und Lauchzwiebeln in aromatischer Hühnerbrühe rundum glücklich

ZUTATEN

4 Portionen

300 g Hähnchenfilet
1 TL Paprikapulver
1 kleines Glas Maiskölbchen
1 Bund Lauchzwiebeln
2 EL Öl
1 ½ l Geflügelbrühe
150 g kleine Suppennudeln
Salz
Pfeffer

— Das Hähnchenfilet in kleine Würfel schneiden, gut mit Salz und Paprikapulver einreiben.

— Dann 1 kleines Glas abgetropfte Maiskölbchen klein schneiden und 1 Bund Lauchzwiebeln in Ringe schneiden.

— Hähnchenstücke in 2 EL heißem Öl goldbraun braten, die Hälfte der Lauchzwiebeln zugeben. Die heiße Geflügelbrühe zugießen, aufkochen. Suppennudeln hineingeben und 5–8 Minuten in der heißen Brühe kochen lassen.

— Zum Schluss noch die Maiskölbchen zugeben, mit Salz und Pfeffer abschmecken, die restlichen Lauchzwiebelringe darüberstreuen.

 Fertig in 15 Minuten

 Pro Portion
ca. 315 kcal, E 25 g,
F 8 g, KH 34 g, ED 0,6

# Pute und Melone

## MIT MACADAMIA-DRESSING

Begrüßen Sie Ihre Gäste mal so: Mit saftiger Melone, zarter Putenbrust und nussig-scharfer Joghurtcreme. Vor Begeisterung sind garantiert alle von der Rolle

### ZUTATEN

4 Portionen

50 g geröstete und gesalzene Macadamianusskerne
2–3 EL Salatcreme (10,5 % Fett)
100 g Naturjoghurt (1,5 % Fett)
Saft von 1 Limette
1–2 TL scharfe Currypaste
Salz
Zucker
1 kleines Bund gelber Löwen-zahnsalat oder Rauke
1 Bund Schnittlauch
400 g Melonenfruchtfleisch (z. B. Cantaloupe)
200 g geräucherte Putenbrust-Scheiben

— Macadamianusskerne grob hacken. Salatcreme, Naturjoghurt, Limettensaft, scharfe Currypaste und 2–3 EL von den grob gehackten Macadamianüssen mit dem Stabmixer pürieren. Eventuell 2 EL Wasser unterrühren und das Dressing mit Salz und Zucker fein säuerlich abschmecken.

— Löwenzahnsalat oder Rauke putzen, abspülen und trocken schleudern. Schnittlauch abspülen. Melonenfruchtfleisch in Streifen schneiden.

— Salatblätter und Schnittlauch in Putenbrust-Scheiben ein-wickeln und die Melonenstreifen dazu servieren. Oder Salat, Melone und Schnittlauchröllchen mischen und mit Putenauf-schnitt anrichten. Salatsauce und restliche gehackte Macada-mianüsse dazu servieren.

 Fertig in 25 Minuten

 Pro Portion
ca. 220 kcal, E 8 g,
F 13 g, KH 18 g, ED 0,9

**Tipp**

Sie finden keine scharfe Currypaste im Supermarkt-Regal? Dann tut es auch scharfer Curry-Ketchup, den Sie vielleicht sogar zu Hause haben.

# Orangen-Lachs-Salat

## MIT GRANATAPFELKERNEN

Schlemmen Sie sich fit: Aromatische Omega-3-Fettsäuren, scheibchenweise zitrusfrisches Vitamin-C und ein leichtes Joghurt-Dressing mit angenehmer Meerrettichschärfe

### ZUTATEN

2 Portionen

180 g Stremellachs
1 Bund Rauke
1 Orange
250 g gekochte Rote Bete
1 EL Wasabi (japanischer grüner Meerrettich)
150 g Naturjoghurt (1,5 % Fett)
2 EL weißer Balsamessig
1 EL kalt gepresstes Olivenöl
1 EL Apfeldicksaft
weißer Pfeffer
Salz
50 g Granatapfelkerne

— Die harte Räucherhaut vom Stremellachs entfernen. Das Fischfleisch klein zupfen.

— Den Fisch mit Rauke, Orangen- und Rote-Bete-Scheiben auf zwei Tellern anrichten.

— Wasabi, Joghurt, Balsamessig, Olivenöl, Apfeldicksaft und Pfeffer verrühren, mit Salz abschmecken. Sauce und Granatapfelkerne über den Salat verteilen.

Fertig in 20–25 Minuten

Pro Portion
ca. 440 kcal, E 31 g,
F 14 g, KH 49 g, ED 0,8

Dazu 2 Scheiben Roggen-
vollkornbrot (70 g)

# Melonen-Erbsen-Salat

## MIT THUNFISCH

Toller Sattmacher to go. Und wer keinen Thunfisch möchte, kann den Salat
auch mit geräuchertem Forellenfilet zubereiten

### ZUTATEN
2 Portionen

400 g Melonenfruchtfleisch
(z. B. Cantaloupe-Melone)
2 EL Rotweinessig
½ Zitrone
2 TL flüssiger Honig
Salz
2 EL Olivenöl
½ TL rosa Pfefferbeeren
100 g Zuckerschoten
150 g TK-Erbsen (aufgetaut)
1 Dose »Thunfischfilets
im eigenen Saft« (Abtropfgewicht 130 g)
1 rote Zwiebel
2 Handvoll küchenfertiger
Blattsalat

— 100 g Melonenstücke, Essig, Zitronensaft, Honig, Salz und
Olivenöl mit dem Stabmixer pürieren. Pfefferbeeren im Mörser
grob zerkleinern und unterrühren.

— Zuckerschoten in siedendem Salzwasser 2 Minuten bissfest
blanchieren. Abgießen, kalt abspülen und abtropfen lassen.

— Restliche Melone klein schneiden. Melone, Zuckerschoten,
Erbsen, zerkleinerten Thunfisch, Zwiebelringe und Dressing
mischen.

— Mischung halbieren und jeweils auf einer Handvoll Blattsalat
anrichten.

 Fertig in 15–20 Minuten

 Pro Portion
ca. 410 kcal, E 27 g,
F 13 g, KH 44 g, ED 0,8

**Tipp**

Statt Zuckerschoten können Sie auch
mehr TK-Erbsen oder grüne
Bohnen nehmen.

# Bologneser Tomatensalat

Der Italo-Hit, ideal fürs Büro: herzhaftes Hack, Makkaroni und frische Tomaten. Die Joghurtsauce dann extra verpacken. Mahlzeit!

## ZUTATEN

2 Portionen

100 g rote Zwiebeln
2 Möhren (150 g)
150 g Beefsteakhack (Tatar)
2 TL Tomatenmark
Salz
frisch gemahlener Pfeffer
4 TL Olivenöl
1–2 TL Thymianblättchen (frisch oder gerebelt)
1 kleiner frischer Rosmarinzweig
½ Bund Petersilie
400 g saftige Tomaten
250 g gekochte Hartweizen-Makkaroni (80 g Rohgewicht)
75 g Naturjoghurt (1,5 % Fett)

— Die Zwiebeln abziehen und grob würfeln. Möhren schälen und in dünne Scheiben schneiden.

— Hackfleisch und Tomatenmark in einer beschichteten Pfanne krümelig braten. Salzen und pfeffern.

— Zwiebeln, Möhren, Olivenöl, 3 EL Wasser, Thymian und Rosmarinzweig zugeben und etwa 4 Minuten bei kleiner Hitze zugedeckt dünsten. Gehackte Petersilie unterrühren, alles kräftig abschmecken und in zwei Portionen teilen.

— Tomaten in Scheiben schneiden. Makkaroni auf eine Platte geben und mit der Hackmischung bestreuen.

— Joghurt und Salz verrühren und dazu anrichten.

Fertig in 15–20 Minuten

Pro Portion
ca. 400 kcal, E 27 g,
F 13 g, KH 43 g, ED 0,7

# Couscoussalat

Sie brauchen schnell mal eben einen Salat für die nächste Grillparty? Bitte schön!
Mit Cranberries, die für eine fruchtig-säuerliche Note sorgen

**ZUTATEN**

6 Portionen, vegetarisch

100 g Pinienkerne
250 g Zuckerschoten
200 g Instant-Couscous
100 g getrocknete Cranberries
350 ml Wasser
40 g TK-Petersilie
2 EL Zitronensaft
3 EL Olivenöl
Salz
Pfeffer

— Pinienkerne in einer Pfanne ohne Fett anrösten.

— Zuckerschoten abspülen und eventuell in Streifen schneiden. Die Zuckerschoten mit Couscous und den getrockneten Cranberries in einer Schüssel mischen. Mit 350 ml kochendem Wasser übergießen und etwa 5 Minuten quellen lassen.

— Geröstete Pinienkerne, Petersilie, Zitronensaft, Olivenöl, Salz und Pfeffer unterrühren.

 Fertig in 15 Minuten

 Pro Portion
ca. 340 kcal, E 8 g,
F 15 g, KH 45 g, ED 1,2

**Tipp**

*TK-Erbsen statt Zuckerschoten nehmen
(sie tauen im heißen Couscous auf) –
geht noch schneller und macht gar
keine Arbeit.*

# Kohlrabisalat

Perfekter Begleiter zum Abendbrot: Rohkost, die mit geraspeltem
Apfel und Sprossen schön frisch – und mit cremigem Senf-Dressing leicht
verschärft daherkommt

**ZUTATEN**

4 Portionen, vegetarisch

750 g Kohlrabi
2 Äpfel
1 Becher saure Sahne (200 g)
2 EL Senf
2 EL Milch
200 g Bio-Sprossen-Mix
Salz
Pfeffer

— Die Kohlrabi erst vierteln (so lassen sich auch dicke Knollen besser bändigen), dann schälen, die Äpfel abspülen. Beides mit der Küchenreibe grob in eine Salatschüssel hineinraspeln.

— Die saure Sahne mit Senf und Milch verrühren und unter das geraspelte Gemüse mischen.

— Die Sprossen in ein Sieb geben und mit kochendem Wasser überbrühen. Die Sprossen abtropfen lassen und unter das geraspelte Gemüse heben. Mit Salz und Pfeffer abschmecken.

 Fertig in 12 Minuten

 Pro Portion
ca. 165 kcal, E 6 g,
F 6 g, KH 21 g, ED 0,4

## Tipp

Falls die Kohlrabi noch knackiges
Grün haben, klein hacken und
drüberstreuen.

# Garnelensalat

Der schnellste Brotsalat der Welt: Dank Knäckebrot, das zwischen Tomaten,
Blattsalaten und marinierten Gambas herrlich kracht

ZUTATEN

4 Portionen

200 g Party-Gambas (Garnelen
ohne Schale; SB Kühlregal)
3 EL Olivenöl
2 EL TK-Dill
30 g Knäckebrot
250 g Kopf-, Römer- oder
Bataviasalat
100 g Rauke
250 g Tomaten
2 EL Balsamessig
Salz
Pfeffer

▸— Die geschälten Gambas mit 1 EL Olivenöl, Dill, Salz und
Pfeffer in einer Schüssel vermischen.

▸— Das Knäckebrot in grobe Stücke brechen. Kopf-, Römer- oder
Bataviasalat und die Rauke abspülen und in kleinere Stücke
zupfen.

▸— Tomaten abspülen, in Scheiben schneiden und mit Salat und
Knäckebrot in eine Schüssel geben.

▸— 2 EL Olivenöl und Balsamessig darüberträufeln, mit Salz
und Pfeffer würzen. Garnelen daraufgeben.

 Fertig in 10 Minuten

 Pro Portion
ca. 185 kcal, E 13 g,
F 10 g, KH 9 g, ED 0,8

**Tipp**

*Der Salat schmeckt auch gut mit einer weißen Sauce aus 150 g Joghurt, 2 EL Zitronensaft und 2 TL süßem Senf, mit Salz, Pfeffer und etwas Chilipulver abgeschmeckt.*

# Bohnensalat

Ein bunter Gruß vom Mittelmeer: Rote Bete bringt erdige Süße, Schafkäse
wunderbare Würze. Geröstete Kerne sorgen für den gewissen Biss

**ZUTATEN**

4 Portionen, vegetarisch

300 g TK-Bohnen
40 g gemischte Salatkerne
(z. B. Sonnenblumen-, Pinien-
und Kürbiskerne)
350 g Rote Bete (vorgekocht
und im Vakuumpack)
200 g zerbröckelter Feta-Käse
(leicht)
2 EL Olivenöl
2 EL Zitronensaft
Salz
Pfeffer

— Die Bohnen in kochendem Salzwasser 5 Minuten kochen.
Abgießen und kalt abspülen.

— Salatkernemischung in einer Pfanne ohne Fett anrösten.

— Rote Bete in Spalten schneiden, Bohnen daraufgeben,
mit den Salatkernen und zerbröckeltem Feta-Käse bestreuen.
Mit Olivenöl, Zitronensaft, Salz und Pfeffer würzen.

 Fertig in 15 Minuten

 Pro Portion
ca. 250 kcal, E 18 g,
F 15 g, KH 12 g, ED 1,1

**Tipps**

Wenn Sie frische Rote Bete nehmen,
brauchen Sie mehr Zeit: Dicke Knollen
müssen bis zu einer Stunde kochen.

Gut ist der Bohnensalat auch mit neuen
Pellkartoffeln: Die werden nach dem
Kochen geviertelt und mit den restlichen
Zutaten gemischt.

# Salat Niçoise

Klassiker der französischen Küche: Hinein gehören Tomaten, Oliven und Anchovis.
Wir servieren unseren Franzosen mit mildem Thunfisch

### ZUTATEN
4 Portionen

4 Eier
1 Kopf Eisbergsalat
100 g Gewürzgurken
(aus dem Glas)
4 Tomaten
2 Dosen Tunfisch à 150 g
Abtropfgewicht (bitte auf
das MSC-Siegel für unbe-
denklichen Fisch achten!)
2 EL Kapern
3 EL Olivenöl
Salz
Pfeffer

— Die Eier hart kochen, abschrecken, pellen und vierteln.

— Den Eisbergsalatkopf in Spalten schneiden. Gewürzgurken in Scheiben schneiden, Tomaten in Spalten schneiden. Tunfisch abtropfen lassen.

— Alles auf einer Platte anrichten. Kapern und Olivenöl darübergeben und mit Salz und Pfeffer würzen.

 Fertig in 15 Minuten

 Pro Portion
ca. 250 kcal, E 28 g,
F 14 g, KH 4 g, ED 1,0

**Tipp**

Eisbergsalat braucht eine würzige Sauce –
und er punktet mit seiner knackigen
Konsistenz. Damit er ein paar Tage länger
frisch bleibt, gehört er in den
Kühlschrank.

# Lauwarmer Kasseler-Avocado-Salat

Was für eine Salatmahlzeit! Das Milchschaumdressing sorgt für Leichtigkeit mit feiner Lorbeer- und Knoblauchnote

## ZUTATEN

2 Portionen

200 ml Vollmilch
1–2 geschälte zerdrückte Knoblauchzehen
1 Lorbeerblatt
1 dicke Scheibe Kasseler-Kotelett
ohne Knochen (250 g)
150 g Zuckerschoten
½ Bund Lauchzwiebeln
1 Bund glatte Petersilie
1 Avocado
1 EL Zitronensaft
1 EL Olivenöl
1 EL frische Thymianblättchen
Salz
grober Pfeffer

— Die Vollmilch mit den zerdrückten Knoblauchzehen und dem Lorbeerblatt langsam aufkochen und zur Seite stellen.

— Das Kasseler-Kotelett in feine Streifen schneiden. Die Zucker-schoten putzen und abspülen. ½ Bund Lauchzwiebeln putzen, abspülen und schräg in 1 cm dicke Stücke schneiden. Die Peter-silie abspülen, trocken schleudern. Die Blätter abzupfen und die Stiele fein hacken. Die Avocado halbieren, entkernen und schälen. Das Fruchtfleisch in Scheiben schneiden und mit 1 EL Zitronensaft beträufeln.

— Olivenöl in einem Wok oder einer Pfanne erhitzen. Kasseler, Zuckerschoten und Thymianblättchen im heißen Öl 3–4 Minu-ten unter Rühren braten. Herausnehmen und mit Petersilie, Avocado und Lauchzwiebeln anrichten.

— Milch kurz erwärmen, Lorbeer herausfischen und die Milch mit dem Stabmixer oder Schneebesen aufschäumen. Milch-schaum über den Salat geben, eventuell mit Salz und grobem Pfeffer bestreuen.

 Fertig in 25 Minuten

 Pro Portion
ca. 515 kcal, E 32 g,
F 34 g, KH 20 g, ED 0,5

**Tipp**

*Wenn Sie kein Schweinefleisch mögen,
können Sie auch Hähnchenschnitzel
verwenden.*

# Gemüse

Alles so schön bunt hier: Unsere Gemüsevielfalt –
von Austernpilzen über Kartoffeln, Kürbis,
Spargel, Spinat bis zu Zucchini – bringt täglich
Abwechslung auf den Tisch. Das alles schmeckt super
mit Tofu, Nudeln und Kräutern, ist perfekt für
leichte Vorspeisen und Antipasti, oder auch als
sättigendes Hauptgericht – wie ein Paprika-Pflaumen-
Risotto. Fest steht: Den Geschmack von Fisch oder
Fleisch wird man da nicht vermissen

# Gemüse-Antipasti

Italiens Vorspeisenklassiker mit Zwiebeln, Möhren, Paprika und Zucchini.
Im Bratschlauch gart das Gemüse fast ohne Fett und wird
besonders aromatisch

### ZUTATEN

4 Portionen, vegetarisch

4 Zwiebeln
1 Bund Möhren
2 Paprikaschoten
1 gelbe Zucchini (350 g)
5–7 Salbeiblättchen
½ TL gerebelter Oregano
Meersalz
frisch gemahlener Pfeffer
3 EL Olivenöl
2 EL Rotweinessig
4–5 getrocknete Tomaten
250 g Büffel-Mozzarella

Bratschlauch

— Den Backofen auf 180 Grad, Umluft 160 Grad, Gas Stufe 3 vorheizen.

— Zwiebeln abziehen und halbieren oder vierteln. Möhren schälen, abspülen und längs halbieren. Paprikaschoten vierteln, entkernen, abspülen und in Spalten schneiden. Zucchini putzen, abspülen und in dicke Scheiben schneiden.

— Das Gemüse in einer großen Schüssel mit Salbeiblättchen, ½ TL Oregano, Meersalz, frisch gemahlenem Pfeffer, 2 EL Olivenöl und dem Rotweinessig gründlich mischen. Gemüse in einen Bratschlauch füllen, nach Packungsanleitung verschließen und im Backofen etwa 15 Minuten backen.

— Getrocknete Tomaten in Streifen schneiden. Büffel-Mozzarella in Stücke schneiden. Gemüse und Sud aus dem Bratschlauch, Mozzarella und Tomaten anrichten. Mit 1 EL Olivenöl beträufeln.

Fertig in 30 Minuten

Pro Portion
ca. 335 kcal, E 17 g,
F 23 g, KH 13 g, ED 0,7

Dazu geröstetes
Vollkornbrot

**Tipp**

Statt Büffel-Mozzarella kommt fett-
reduzierter Schafkäse darüber.

# Indisches Rührei

## MIT GURKE

Schnelles Abendbrot oder auch toll to go: Quark und Tomaten machen das Rührei schön saftig, exotisch wird's mit Ingwer und Chili

### ZUTATEN

2 Portionen, vegetarisch

4 Bio-Eier (Größe M)
2 EL Magerquark
2 Stück frischer Ingwer
2 Zwiebeln
2 grüne Chilischoten
200 ml Bio-Gemüsebrühe
Kurkuma
gemahlener Piment
2 Tomaten
Salz
2 Mini-Gurken (160 g)
60 g Kräcker oder 2 Vollkornbrötchen (120 g)
4 EL Magerquark

— Eier, Quark und 6 EL Wasser verquirlen.

— Ingwer, Zwiebeln und Chilischote fein würfeln und mit Brühe und Gewürzen in einer beschichteten Pfanne bei mittlerer Hitze offen dünsten, bis die Flüssigkeit fast verdampft ist.

— Tomaten abspülen, in Stücke schneiden und unterrühren. 2 Minuten mit den Gewürzen einkochen. Dann die verquirlten Eier zugeben, salzen und alles so lange rühren, bis die Eier gestockt sind.

— Das Rührei mit Gurkenscheiben und Kräckern anrichten. Oder zum Mitnehmen abgekühltes Rührei und Gurke in eine Kunststoffbox füllen. Kräcker oder Quarkbrötchen separat einpacken.

 Fertig in 15–20 Minuten

 Pro Portion
ca. 415 kcal, E 30 g,
F 19 g, KH 29 g, ED 0,7

**Tipp**

Statt Kräcker oder Brötchen können
Sie auch 200 g Pellkartoffeln dazu essen.
Wer abends lieber auf Kohlenhydrate
verzichtet, knabbert dazu Paprika und
Grünzeug nach Belieben und isst noch
ein paar Tomaten mehr.

# Gebackener Kürbis

## MIT ZIEGENKÄSE

Easy going und enorm aromatisch: Kürbis und Paprika garen fettfrei
mit Kapern und Rosmarin im Ofen. Pesto-Dressing und Ziegenkäse als Topping
geben dem Gericht das gewisse Etwas

### ZUTATEN

2 Portionen, vegetarisch

### KÜRBIS

350 g Hokkaido-Kürbisfrucht-
fleisch
1 Paprikaschote
Salz
Pfeffer
4–5 EL Kapern
2 TL Rosmarinnadeln
1 EL Akazienhonig

### SAUCE

2 EL naturtrüber Apfelessig
3 EL mediterranes Pesto
1 Radicchio (150 g)
100 g Ziegenfrischkäse

### FÜR DEN KÜRBIS

— Den Backofen auf 200 Grad, Umluft 180 Grad, Gas Stufe 4
vorheizen.

— Kürbis- und Paprikaspalten salzen, pfeffern und mit Kapern
und Rosmarin mischen. Alles auf ein Backblech mit Backpapier
geben, mit Honig beträufeln und 15–20 Minuten im Backofen
backen.

### FÜR DIE SAUCE

— Apfelessig, Pesto, 1 EL Wasser und Pfeffer verrühren.

— Radicchiostreifen und warmes Gemüse anrichten und mit
Sauce beträufeln. Käse grob zerteilen und auf den Salat geben.

 Fertig in 30–35 Minuten

 Pro Portion
ca. 400 kcal, E 16 g,
F 13 g, KH 52 g, ED 0,8

 Dazu 2–3 Scheiben gerös-
tetes Krustenbrot (120 g)

# Sushi

## MIT KORINTHEN-VINAIGRETTE

Auf griechische Art: In Weinblätter gewickelter Frischkäse-Reis sommerlich frisch mit Zitrone abgeschmeckt. Leicht, lecker und macht richtig was her

**ZUTATEN**

4 Portionen, vegetarisch

10 Weinblätter
250 g gegarter Instant-Reis
abgeriebene Schale von
½ Bio-Zitrone
1–2 TL Zitronensaft
125 g Kräuter-Frischkäse
(5 % Fett)
Salz
Cayennepfeffer
600 g Ochsenherztomaten
1–2 EL Korinthen oder Rosinen
zum Bestreuen
3 EL kräftiges Olivenöl
1 EL Balsamessig
1 TL flüssiger Honig

— Die Weinblätter 5 Minuten in kaltes Wasser legen. Abtropfen und trocken tupfen. Stiele evtl. abschneiden. Die Blätter auf die Arbeitsfläche legen.

— Den Instant-Reis nach Packungsanweisung erhitzen. Reis, den Zitronenabrieb, Zitronensaft und Kräuter-Frischkäse verrühren. Reisfüllung mit Salz und Cayennepfeffer abschmecken.

— Je 1–2 EL davon auf jedes Weinblatt geben. Von der breiten Seite her fest aufrollen, dabei die Seiten einschlagen.

— Die Ochsenherztomaten abspülen, trocken tupfen und quer in Scheiben schneiden. Reisrollen in 3 cm breite Stücke schneiden.

— Tomaten und Sushi auf Tellern oder einer Platte anrichten, mit Korinthen oder Rosinen bestreuen. Olivenöl, Balsamessig, flüssigen Honig, Salz und 1 Prise Cayennepfeffer verrühren und darüberträufeln.

 Fertig in 30 Minuten

 Pro Portion
ca. 275 kcal, E 7 g,
F 12 g, KH 33 g, ED 1,0

 Dazu dünnes Fladenbrot

**Tipp**

Den Reis in feste Salatblätter (Eisberg)
statt in Weinblätter rollen.

# Antipasti mit Fenchel und Austernpilzen

Der Hit aus der Pfanne: Gebratenes Gemüse mit pikanter Orangensauce und frischer Gremolata kommen unbeschwert italienisch daher

### ZUTATEN

2 Portionen, vegetarisch

### GREMOLATA

10 g frische Ingwerknolle
1 Knoblauchzehe
½ Limette
½ Bund Koriander

### ANTIPASTI

2 EL Olivenöl
200 g Austernpilze
Salz
2 Fenchelknollen (400 g)
½ TL Fenchelsaat
Szechuanpfeffer
1–2 TL bittere Orangen-
marmelade
200 ml Ingwer-Orangen-
Limonade

### FÜR DIE GREMOLATA

— Gehackten Ingwer und Knoblauch, abgeriebene Limetten-schale und klein geschnittenen Koriander miteinander vermischen und abgedeckt zur Seite stellen.

### FÜR DIE ANTIPASTI

— 1 EL Olivenöl in einer großen beschichteten Pfanne erhitzen. Pilze zugeben und 2 Minuten bei großer Hitze braten. Dann wenden und weitere 2–3 Minuten zugedeckt braten. Etwas salzen und herausnehmen.

— Restliches Öl in die Pfanne geben. Fenchel auf der Schnitt-fläche braun anbraten. Wenden, Fenchelsaat, Szechuanpfeffer, Marmelade und Limonade zugeben und alles ca. 4–6 Minuten zugedeckt garen.

— Die Bratensauce kurz etwas einkochen lassen, dabei mit etwas Limettensaft würzen, Fenchel herausnehmen und mit den Austernpilzen anrichten. Sauce über die Antipasti gießen und alles mit Gremolata bestreuen.

 Fertig in 25 Minuten

 Pro Portion
ca. 370 kcal, E 14 g,
F 14 g, KH 46 g, ED 0,7

 Dazu 2 Vollkornbrötchen

# Marinierter Porree

## MIT GORGONZOLASAUCE

Mehr als ein Salat! Mit Kümmel gegart und in Zitronensaft und Ahornsirup mariniert wird Porree schön mild und bekömmlich, Paprika-Crôutons machen satt und sorgen für leichten Crunch

### ZUTATEN

2 Portionen, vegetarisch

Salz
½ TL Kümmel
1–2 Porreestangen (400 g)
1 Bio-Zitrone
1 Knoblauchzehe
2 EL Ahornsirup
1 Apfel (150 g)
50 g Gorgonzola-Käse
60 ml Milch (1,5 % Fett)
2 TL Olivenöl
frisch gemahlener Pfeffer
2 Scheiben Vollkorntoastbrot
Edelsüß-Paprikapulver
grobes Gewürzsalz

— Zwei Tassen Wasser, Salz und Kümmel aufkochen. Darin 10 cm lange Porreestücke 5–6 Minuten bei mittlerer Hitze garen. Gemüse herausnehmen und abtropfen lassen.

— Die Schale von einer halben Zitrone abreiben. Mit 3 EL Zitronensaft, zerdrücktem Knoblauch und 1 EL Ahornsirup verrühren.

— Porree und Apfelspalten auf einer Platte anrichten und mit der Marinade beträufeln.

— Käse, Milch, Olivenöl und restlichen Ahornsirup pürieren und mit Salz und Pfeffer abschmecken.

— Toast rösten und würfeln. Crôutons mit Paprika bestäuben.

— Gorgonzolasauce und Crôutons auf dem Salat verteilen und alles mit Gewürzsalz bestreuen.

 Fertig in 25 Minuten

 Pro Portion
ca. 370 kcal, E 13 g,
F 15 g, KH 42 g, ED 0,9

# Spargelquiche

## MIT KERBEL UND ERBSEN

Frühlingsgruß für Gäste: Grüner Spargel, Erbsen und Schalotten
vereinen sich auf mürbem Boden zum Gemüse-Trio, das allen schmeckt –
mit oder ohne Schinken

### ZUTATEN

8 Stücke

### TEIG

25 g Kürbiskerne
250 g Mehl
Salz
125 g weiche Butter
Mehl zum Bearbeiten

### FÜLLUNG

350 g frische Erbsenschoten
(ergibt etwa 120 g)
500 g grüner Spargel
250 g längliche Schalotten
1 EL Butter
3 EL Olivenöl
150 g Crème fraîche
100 ml Milch
6 Eier
frisch gemahlener Pfeffer
1 großes Bund Kerbel
200 g luftgetrockneter Schinken in
dünnen Scheiben (am besten Bio)

 Fertig in
1 Stunde 45 Minuten

 Pro Portion
ca. 480 kcal, E 18 g,
F 33 g, KH 28 g, ED 1,6

### FÜR DEN TEIG

← Kürbiskerne in einer Pfanne ohne Fett anrösten. Abkühlen lassen und fein hacken. Mit Mehl, Salz, Butter und 3–4 EL Wasser zu einem glatten Teig verkneten. Abgedeckt für mindestens 30 Minuten kalt stellen. Den Backofen auf 220 Grad, Umluft 200 Grad, Gas Stufe 5 vorheizen.

← Den Teig auf einer leicht bemehlten Arbeitsfläche zu einem großen runden Fladen (Ø 36 cm) ausrollen und eine Springform (Ø 26 cm) damit auslegen. Den Rand etwa 4–5 cm hochziehen und andrücken. Den Teigboden mit einer Gabel mehrmals einstechen. Die Form in den Backofen auf die untere Schiene schieben und den Teig etwa 12 Minuten vorbacken.

### FÜR DIE FÜLLUNG

← Erbsenschoten aufbrechen und Erbsen aus den Schoten palen. Erbsen etwa 5 Minuten in Salzwasser kochen und abtropfen lassen. Das untere Drittel der Spargelstangen schälen, die Enden abschneiden. Spargelstangen kleiner schneiden. Schalotten abziehen und längs vierteln.

← Butter und 1 EL Öl in einer Pfanne erhitzen und die Schalottenspalten darin etwa 10 Minuten andünsten. Nach etwa 5 Minuten den grünen Spargel zugeben und mitbraten. Schalotten, Spargel und Erbsen in die Form geben. Crème fraîche, Milch, Eier, Salz und Pfeffer verquirlen und über die Füllung gießen.

← Backofentemperatur auf 200 Grad, Umluft 180 Grad, Gas Stufe 4 herunterschalten und Quiche auf der unteren Schiene etwa 35 Minuten backen. Eventuell zwischendurch mit Backpapier abdecken.

← Kerbel abspülen, trocken schütteln und etwas kleiner zupfen. Kerbel, restliches Öl, Salz und Pfeffer mischen. Auf die Quiche streuen, in Stücke schneiden und mit dem Schinken servieren.

**Tipp**

Statt Erbsen frisch aus den Schoten
zu palen, können Sie auch einfach TK-
Erbsen nehmen. Sie können luft-
getrockneten Schinken dazu reichen,
Tomatensalat, wachsweiche Eier oder ein
paar Scheiben milden Camembert.
Die Quiche schmeckt heiß oder kalt!

# Zitronencouscous

## MIT GRÜNEM SPARGEL

Dreamteam: Frische Himbeeren toppen knackig gegarten Spargel
lecker fruchtig – und ganz nebenbei liefern beide reichlich Magnesium,
das entwässernd wirkt

### ZUTATEN

4 Portionen, vegetarisch

½ Bio-Zitrone
200 g Instant-Couscous
3 Prisen Chiliflocken
1–2 Prisen gemahlene Muskat-
blüte
1 Bund Kerbel
600 g grüner Spargel
125 g Himbeeren
3 EL Olivenöl
4 EL eingedickter Traubenmost
2 EL Himbeeressig
frisch gemahlener Pfeffer
Salz
Pistazienkerne

— Zitrone abspülen und trocken reiben. 2 Streifen Zitronenschale dünn abschälen und fein hacken.

— Couscous, Zitronenschale, Salz, Chiliflocken, gemahlener
Muskat in eine Schüssel geben. 300 ml siedendes Wasser
darübergießen und 5 Minuten quellen lassen.

— Kerbel abspülen, trocken schütteln und die Hälfte fein
hacken. Couscous mit einer Gabel auflockern. Kerbel und aus-
gepressten Zitronensaft unterheben.

— Grünen Spargel putzen und in siedendem Salzwasser etwa
5 Minuten kochen. Abgießen und abtropfen lassen.

— Himbeeren abspülen. Olivenöl, eingedickten Traubenmost,
Himbeeressig, Salz und frisch gemahlenen Pfeffer verrühren.

— Couscous, Spargel und Himbeeren anrichten, mit Salatsauce
beträufeln und mit Pistazienkernen und restlichen Kerbelblätt-
chen bestreuen.

 Fertig in 25 Minuten

 Pro Portion
ca. 380 kcal, E 12 g,
F 16 g, KH 47 g, ED 1,0

# Thymiankartoffeln, Ei und Kaviar

Lassen Sie sich ruhig verführen: Von Kartoffeln und Sellerie, die in Safranfond garen und mit Ei und Forellenkaviar serviert werden. De luxe!

### ZUTATEN

2 Portionen

250 g Kartoffeln
200 g Knollensellerie
200 ml Gemüsefond/-brühe
2 Safranfäden
50 ml Kochsahne (15 % Fett)
2–3 Thymianzweige
Salz
1 Porreestange (250 g)
Meersalz
Pfeffer
½ Bio-Zitrone
3 Bio-Eier (Größe M)
1 Gläschen Forellenkaviar (50 g)

— Kartoffel- und Selleriewürfel, Gemüsefond, Safran, Kochsahne und Thymianblättchen aufkochen und bei mittlerer Hitze 5 Minuten zugedeckt kochen.

— Porreewürfel zugeben und weitere 5 Minuten bei kleiner Hitze garen. Gemüse mit Meersalz und Pfeffer würzen.

— Zitronenschale auf die Kartoffeln reiben und mit weich- oder hartgekochten Eiern und Kaviar anrichten.

 Fertig in 25–30 Minuten

 Pro Portion
ca. 340 kcal, E 24 g,
F 15 g, KH 28 g, ED 0,6

# Spitzpaprika, Makkaroni und Schafkäse

Pasta plus Gemüse satt: Weiße Bohnen liefern wertvolles Eiweiß, das wie ein
natürlicher Fatburner wirkt und kombiniert mit Nudeln
rundum glücklich macht

**ZUTATEN**

2 Portionen, vegetarisch

300 g Tomaten
Salz
schwarzer Pfeffer
Majoranblättchen
Rosenpaprika
1 TL Kuminsaat
120 g Hartweizen-Makkaroni
400 g grüne Spitzpaprika
100 g Cannellini-Bohnen (Dose)
100 g Schafkäse

— Tomaten in Stücke schneiden und mit Salz, Pfeffer und Gewürzen kräftig würzen. Nudeln eventuell in Stücke brechen und nach Packungsanweisung kochen.

— Entkernte Paprikahälften in einer beschichteten Pfanne mehrere Minuten unter Schwenken anrösten, herausnehmen und warm stellen.

— 1 Tasse Nudelwasser, Bohnen und gewürzte Tomaten in die Pfanne geben und alles 3 Minuten dünsten.

— Die Nudeln abgießen, mit den Käsewürfeln unter das Tomatengemüse mischen und auf einem tiefen Teller anrichten. Die gebratenen Spitzpaprika dazu reichen.

 Fertig in 15–20 Minuten

 Pro Portion
ca. 430 kcal, E 22 g,
F 12 g, KH 56 g, ED 0,7

# Paprika-Pflaumen-Risotto

## MIT SCHINKEN

Wellness vom Feinsten! Cremiges Risotto mit Biss und leicht fruchtiger Note.
Vegetarier garen den Reis in Gemüsebrühe und lassen den
Schinken einfach weg

### ZUTATEN

2 Portionen

2 Lauchzwiebeln
2 kleine orange Paprikaschoten
120 g Risotto-Reis
ca. ½ l klare Hühnerbouillon
4 Sommerpflaumen (200 g)
Salz
weißer Pfeffer
8 dünne Scheiben Serrano- oder
Parmaschinken (100 g)
8 Basilikumstängel
1 EL aromatisches Olivenöl

— Lauchzwiebeln und Paprika putzen. Die Lauchzwiebeln in Ringe schneiden, Paprika fein würfeln.

— Den Reis, weiße Zwiebelringe, Paprika und 100 ml Hühnerbouillon langsam unter Rühren aufkochen, bis der Reis glasig wird. Restliche Bouillon, restliche Lauchzwiebelringe und Pflaumenachtel unterrühren.

— Risotto etwa 10–12 Minuten bei mittlerer Hitze bissfest garen. Mit Salz und weißem Pfeffer abschmecken.

— Risotto mit Schinken und Basilikumblättchen anrichten. Olivenöl über den Schinken träufeln.

 Fertig in 20–25 Minuten

 Pro Portion
ca. 445 kcal, E 17 g,
F 11 g, KH 68 g, ED 0,7

# Zitronennudeln

## MIT CHAMPIGNONS

Genuss ohne Reue: Die frische Zitronensahnesauce ist weitaus leichter
als sie aussieht und ein perfekter Begleiter zu den Pilzen

**ZUTATEN**

4 Portionen, vegetarisch

350 g Spaghetti
Salz
250 g Champignons
1 EL Öl
250 ml Kochsahne (15 % Fett)
3 EL Zitronensaft
1 Bund gehackte Petersilie
2 TL Bio-Zitronenschale
2 EL Frischkäse mit Joghurt
(13–15 % Fett)
Pfeffer

— Die Spaghetti in reichlich Salzwasser bissfest kochen.

— Champignons halbieren, in heißem Öl goldbraun braten.
Kochsahne und Zitronensaft zugießen und aufkochen. Vom
Herd nehmen,

— Die gehackte Petersilie, die Zitronenschale und Frischkäse
mit Joghurt unterrühren. Sauce und Nudeln vermischen und
mit Salz und Pfeffer würzen.

Fertig in 20 Minuten

Pro Portion
ca. 440 kcal, E 23 g,
F 13 g, KH 75 g, ED 1,1

**Tipp**

Wie passt eine sahnige Pasta-Sauce
zur leichten Küche? Gut, wenn
fettreduzierte Kochsahne (15 %),
Kaffeesahne (10 %) oder Sojacreme (7 %)
verwendet werden.

# Spargel-Kartoffel-Topf

Alles aus einem Topf, wie wunderbar unkompliziert:
Junge Kartoffeln geben Energie, Spargel fördert die Fettverbrennung.
Petersilie und Öl unterstreichen den Geschmack

### ZUTATEN

2 Portionen, vegetarisch

400 g neue Kartoffeln
1 l Gemüsebrühe
500 g weißer Spargel
2 EL Öl (z. B. Raps- oder Olivenöl)
1 Bund fein gehackte Petersilie
Salz
Pfeffer
etwas Zucker

— Die neuen Kartoffeln gründlich abspülen und halbieren oder vierteln. Kartoffeln und Gemüsebrühe in einem Topf etwa 15 Minuten kochen.

— Inzwischen Spargel schälen, putzen und in Stücke schneiden.

— Nach etwa 10 Minuten den Spargel zu den Kartoffeln geben und alles zu Ende garen. Öl und gehackte Petersilie unterrühren. Mit Salz, Pfeffer und Zucker würzen.

 Fertig in 20 Minuten

 Pro Portion
ca. 300 kcal, E 10 g,
F 13 g, KH 36 g, ED 0,3

# Fisch

Was für ein Fang! Lachssteaks mit Wasabi-Mayo,
Flammkuchen mit Mais und Forelle,
orientalisch gefüllter Wolfsbarsch und unsere anderen
Leckerbissen haben wir herrlich frisch mit Gemüse,
Kräutern und Dips kombiniert. So ist es ein
Leichtes für Sie, an eine Extraportion Eiweiß zu
kommen, die für viel Power und Ausdauer sorgt.
Beißen Sie an!

# Ceviche von der Lotte

## MIT HIMBEEREN UND LIMETTE

Das schmeckt nach Meer! Fischfilet in Limettensaft »gegart«, mit Lauchzwiebeln, Himbeeren und geröstetem Ciabatta serviert – ein edler Auftakt für Gäste

### ZUTATEN

6 Portionen, als Vorspeise

400 g ganz frisches Seeteufelfilet (Lotte)
2–3 Limetten
250 g Himbeeren
150 g rote Lauchzwiebeln (ersatzweise grüne)
½ Bund Kerbel
200 g Ciabatta-Brot
5 EL Olivenöl
Salz
frisch gemahlener Pfeffer

— Das Fischfilet abspülen und eventuell letzte Gräten entfernen. Filet in sehr dünne Scheiben schneiden. Limetten auspressen und den Saft mit den Fischscheiben mischen. Sofort abdecken und kalt stellen und mindestens 3, maximal 8 Stunden ziehen lassen.

— Die Himbeeren verlesen. Lauchzwiebeln putzen, abspülen und schräg in feine Ringe schneiden. Kerbel abspülen, trocken schütteln und die Blättchen abzupfen oder hacken.

— Das Brot in sehr dünne Scheiben schneiden. 2 EL Olivenöl in einer Pfanne erhitzen und die Brotscheiben darin goldbraun braten.

— Kurz vor dem Servieren Seeteufel, Himbeeren, Lauchzwiebeln und Kerbel auf einer Platte anrichten. Mit Salz und Pfeffer würzen und mit dem restlichen Olivenöl beträufeln. Geröstete Brotscheiben dazureichen.

 Ohne Wartezeit fertig in 40 Minuten

 Pro Portion
ca. 255 kcal, E 13 g,
F 12 g, KH 23 g, ED 1,3

# Schmorgurken, Flusskrebse und Dill-Creme

Gut gefüllt ist halb gewonnen: Auf dem Gemüsebett ruhen Cannellini-Bohnen und Flusskrebse, beide Eiweißlieferanten erster Güte

### ZUTATEN

2 Portionen

2 Salatgurken (je 350–400 g)
200 g Magerquark
4 EL Naturjoghurt (1,5 % Fett)
2 EL Dillspitzen (frisch oder TK)
Salz
4 TL Rapsöl mit Butter
200 g Flusskrebsfleisch
4 TL süßer Senf
160 g Cannellini- oder weiße Bohnen (Dose)
½ Zitrone
grober Pfeffer

— Die Gurken streifig schälen, längs halbieren und die Kerne mit einem Löffel heraustrennen. Kerne hacken und mit Quark, Joghurt, 1–2 EL Wasser und Dillspitzen verrühren. Die Creme mit Salz abschmecken.

— Gurkenhälften auf der Schnittfläche in heißem Rapsöl kurz andünsten. Vorsichtig wenden, 2–3 EL Wasser zufügen und 3–4 Minuten bei mittlerer Hitze zugedeckt dünsten.

— Krebsfleisch abspülen, trocken tupfen und mit süßem Senf und den Bohnen verrühren. Mit Zitronensaft, Salz und Pfeffer abschmecken.

— Gurken mit Krebsfleisch und Bohnen füllen, Schmorsud darüberträufeln. Dazu die Dill-Creme anrichten.

 Fertig in 15–20 Minuten

 Pro Portion
ca. 410 kcal, E 46 g,
F 11 g, KH 28 g, ED 0,6

# Grünes Gemüse

## MIT LACHS

Fischers Fitmacher: Spargel, Brokkoli und Erbsen sind gute Magnesiumquellen,
Lachs liefert wertvolle ungesättigte Omega-3-Fettsäuren. Gemeinsam
stärken sie das Immunsystem

### ZUTATEN

4 Portionen

2 EL Mandeln
1 kg grüner Spargel
750 g Brokkoli
200 g TK-Erbsen
2 EL Olivenöl,
1 Handvoll Basilikumblätter
350 g geräucherter Lachs
Salz
Pfeffer

— Die Mandeln in einer Pfanne ohne Fett goldbraun anrösten. Den Spargel und den Brokkoli putzen und in kleinere Stücke schneiden. Brokkoli in kochendem Salzwasser etwa 5 Minuten kochen, den Spargel und die TK-Erbsen in den letzten 3 Minuten mitkochen.

— Alles abgießen und mit Olivenöl, Salz und Pfeffer würzen. Zum Schluss Basilikumblätter darüberstreuen. Dazu gibt es 350 g geräucherten Lachs.

Fertig in 15 Minuten

Pro Portion
ca. 340 kcal, E 32 g,
F 15 g, KH 16 g, ED 0,6

# Fisch-Kokos-Curry

Einfach asiatisch: Fettarmer Seelachs zieht auf Lauchzwiebeln, Paprika und Spargel
im Kokossud gar und fördert dank Currypulver den Stoffwechsel

**ZUTATEN**

4 Portionen

1 Bund Lauchzwiebeln
1 rote Paprikaschote
250 g grüner Spargel
1 EL Öl
2–3 EL Currypulver
200 ml Kokosmilch
350 ml Gemüsebrühe
400 g Seelachsfilet
Limettensaft
Salz
Pfeffer

— Lauchzwiebeln, rote Paprikaschote und grünen Spargel putzen
und in kleine Stücke schneiden.

— Das Gemüse zusammen in 1 EL heißem Öl braten, mit 2–3 EL
Currypulver bestäuben. Kokosmilch und Gemüsebrühe zugießen
und aufkochen.

— Seelachsfilet in kleinere Stücke schneiden, zugeben und bei
schwacher Hitze 5 Minuten ziehen lassen. Mit Salz, Pfeffer und
evtl. etwas Limettensaft würzen.

 Fertig in 20 Minuten

 Pro Portion
ca. 265 kcal, E 21 g,
F 15 g, KH 7 g, ED 0,7

# Asia-Steinbeißer

## MIT ERDNUSSDIP

Gute-Laune-Grüße aus Fernost: exotisch marinierte Fischwürfel aus der Pfanne
mit nussigem Joghurt-Dip und frischem Gurkensalat

### ZUTATEN

2 Portionen

300 g Steinbeißerfilet
4 TL Rapsöl
1 EL helle Sojasauce
1 EL süß-scharfe Chilisauce
½ Bund Basilikum
2 Mini-Salatgurken
½ Bund Radieschen
1 Limette
150 g Naturjoghurt (1,5 % Fett)
3 EL ungesalzene geröstete
Erdnüsse

— Das Steinbeißerfilet abspülen, trocken tupfen und in Würfel
schneiden. 3 TL Rapsöl, Sojasauce und süß-scharfe Chilisauce
verrühren und mit den Fischwürfeln mischen.

— Das Basilikum abspülen, trocken schütteln und die Blättchen
abzupfen. Die Mini-Salatgurken und die Radieschen putzen,
abspülen und trocken tupfen. Beides in feine Scheiben hobeln
und mit Salz würzen.

— 1 Limette auspressen. 1 TL Limettensaft, Basilikum, Gurke
und Radieschen mischen. Restlichen Limettensaft, den Naturjoghurt und die ungesalzenen gerösteten Erdnüsse verrühren.

— Fischwürfel in einer Pfanne in 1 TL Rapsöl etwa 3–5 Minuten
(je nach Dicke) von allen Seiten braten. Mit Gurkensalat und
Erdnussdip anrichten.

Fertig in 30 Minuten

Pro Portion
ca. 415 kcal, E 37 g,
F 23 g, KH 15 g, ED 1,1

**Tipp**

Statt Steinbeißerfilet können Sie auch
Alaska-Seelachsfilet nehmen.

# Spargel mit gebratenem Fisch

Was für ein zartes Duett! Zart und saftig krönt hier ein saftiges Fischfilet feinen Spargel mit minzefrischer Schmandsauce. Ab sofort garantiert Fisherman's friend!

## ZUTATEN

4 Portionen

60 g Butter
4 Stängel Minze
1 Limette
100 g Schmand
Salz
1,5 kg weißer Spargel
600 g Lengfischfilet ohne Haut
(oder Steinbeißer; aus nach-
haltigem Fischfang, z. B. mit
MSC-Siegel)
1–2 EL Olivenöl
frisch gemahlener Pfeffer
Minze für die Deko

— 50 g Butter in einem Topf etwas bräunen, vom Herd nehmen und abkühlen lassen. Minze abspülen, trocken tupfen und fein hacken. Limette heiß abspülen, die Schale fein abreiben und den Saft auspressen.

— Butter, Minze, ½ TL Limettenschale und Schmand verrühren und salzen.

— Den Spargel schälen und die Enden knapp abschneiden. Spargelstangen in einen großen Topf legen und so viel Wasser dazugießen, dass der Spargel etwa 2 cm hoch im Wasser liegt. Salzen und aufkochen lassen. Mit Deckel bei mittlerer Hitze etwa 10 Minuten kochen lassen.

— Das Fischfilet abspülen, trocken tupfen und in kleinere Stücke schneiden. Den Limettensaft darüberträufeln und den Fisch salzen.

— Restliche Butter und 1 EL Öl in einer Pfanne zusammen erhitzen. Die Fischstücke darin rundherum etwa 5–7 Minuten goldbraun braten.

— Spargel aus dem Wasser heben und auf eine vorgewärmte Platte legen. Schmandsauce darübergießen und die Fischstücke darauf anrichten. Eventuell etwas Olivenöl darüberträufeln. Mit Pfeffer bestreuen und mit Minze dekorieren.

 Fertig in 45 Minuten

 Pro Portion
ca. 395 kcal, E 32 g,
F 26 g, KH 7 g, ED 0,7

 Dazu neue Kartoffeln

# Flammkuchen mit Mais und Forelle

Der wandert leicht von der Hand in den Mund: Kross gebackener Boden mit scharfem Zwiebel-Mais-Mix plus Fitmacher Forelle, Rauke und Dill. Großartiges Gelage!

**ZUTATEN**

4 Portionen

1 TL mildes Currypulver
Salz
3 EL Sonnenblumenöl
100 g Maiskörner (aus der Dose)
1 Packung fertiger Flammkuchenteig (260 g)
200 g saure Sahne
1 rote Zwiebel
einige Spritzer Tabasco
125 g geräuchertes Forellenfilet
1 Bund Dill
1 Bund Rauke

→ Den Backofen auf 220 Grad, Umluft 200 Grad, Gas Stufe 5 vorheizen.

→ Currypulver, 2 Prisen Salz und Öl verrühren. Maiskörner in einem Sieb abspülen und abtropfen lassen. Teig mit dem Backpapier aus der Packung direkt auf einem Backblech entrollen.

→ Saure Sahne auf dem Teig verstreichen. Zwiebel abziehen und in sehr feine Ringe schneiden. Zwiebel und Mais auf den Teig streuen, mit Tabasco würzen. Auf der unteren Schiene im vorgeheizten Ofen etwa 12 Minuten backen.

→ Forellenfilet in Stücke teilen. Dill und Rauke abspülen, putzen, trocken schleudern und etwas kleiner zupfen.

→ Flammkuchen aus dem Ofen nehmen, mit Forelle, Rauke und Dill belegen. Curry-Öl darüberträufeln.

Fertig in 30 Minuten

Pro Portion
ca. 470 kcal, E 14 g,
F 29 g, KH 37 g, ED 2,3

# Gebratener Zander

## MIT RETTICH

Was für ein Auftritt: In süßer Essigmarinade mit Ingwer und Grenadine
bekommt Rettich viel Geschmack und eine tolle Farbe und ist bereit, den Fisch mit
würziger Korianderkruste zu präsentieren

### ZUTATEN

4 Portionen

600 g weißer Rettich
20 g frischer Ingwer
1 Kaffir-Limettenblatt
2 EL brauner Zucker
120 ml Reisessig
4 EL Grenadinesirup
½ Papaya (250 g)
1 EL Koriandersaat
8 Zanderfilets (à 70 g; ohne Haut)
Salz
frisch gemahlener Pfeffer
2 EL Olivenöl
4 Stiele Thai-Basilikum

— Den Rettich schälen, in etwa 1 mm dünne Scheiben schneiden oder hobeln und in eine Schüssel geben. Ingwer schälen und in sehr feine Würfel schneiden. Das Limettenblatt in feine Streifen schneiden. Zucker und Essig in einem kleinen Topf aufkochen, bis sich der Zucker gelöst hat. Grenadinesirup, Ingwer und Limettenblatt dazugeben und über den Rettich gießen. Die Rettichscheiben 1 Stunde marinieren lassen, dabei öfter umrühren.

— Von der Papaya aus dem Inneren die Kerne mit einem Esslöffel herauskratzen. Papaya schälen, quer in Spalten schneiden und beiseitestellen.

— Die Koriandersaat in einem Mörser grob zerstoßen. Fischfilets abspülen, mit Küchenkrepp trocken tupfen und von einer Seite leicht in die Koriandersaat drücken, dann salzen und leicht pfeffern.

— Das Öl in einer beschichteten Pfanne erhitzen und die Filets darin bei mittlerer Hitze auf der gewürzten Seite 5 Minuten braten. Dann die Filets wenden, Pfanne vom Herd nehmen und die Filets darin noch 1–2 Minuten ziehen lassen.

— Thai-Basilikumblätter abzupfen und abspülen. Rettich mit etwas Marinade und einigen Papayaspalten auf flachen Tellern anrichten. Fischfilets mit der Korianderseite nach oben drauflegen, mit Thai-Basilikum bestreuen. Restliche Papaya extra dazu servieren.

 Ohne Wartezeit fertig in
1 Stunde

 Pro Portion
ca. 280 kcal, E 29 g,
F 7 g, KH 23 g, ED 0,7

# Lachssteaks

## MIT WASABI-MAYO

Ganz schön gastfreundlich: Auf feinem Spitzkohlbett gart Lachs
ganz entspannt im Ofen. Meerrettich-Mayo-Topping, plus frische Kräuter,
fertig ist die Sensation

**ZUTATEN**

4 Portionen

4 Stücke Bio-Lachsfilet à 175 g
1 Spitzkohl (300 g)
200 ml Fischfond
30 g frischer Ingwer
grobes Meersalz
2 TL Olivenöl
½ Bund glatte Petersilie
4 Stängel Minze
½ Kästchen Daikon-Kresse oder
Gartenkresse
1–2 EL Wasabi (grüner japanischer Meerrettich; oder weißer
Meerrettich aus dem Glas)
2 EL Salatcreme (10,5 % Fett)
2 EL Crème fraîche

— Den Backofen auf 160 Grad, Umluft 140 Grad, Gas Stufe 2
vorheizen.

— Die Bio-Lachsfilets abspülen und mit Küchenkrepp trocken
tupfen. Spitzkohl putzen und fein schneiden. Den Fischfond aufkochen. Kohl dazugeben und etwa 30 Sekunden darin kochen.

— Fischfond, Kohl und Lachs in ofenfeste Portionsförmchen
oder eine große Form geben.

— Den Ingwer schälen und fein würfeln. Lachs mit grobem Meersalz und Ingwer bestreuen und mit Olivenöl beträufeln. Im Backofen etwa 10–12 Minuten backen.

— Inzwischen Petersilie und Minze abspülen, trocken schütteln
und fein hacken. Die Blättchen der Daikon-Kresse oder Gartenkresse mit der Schere abschneiden. Kresse, Minze und Petersilie
mischen. Wasabi, Salatcreme und Crème fraîche verrühren.

— Lachsfilets und Kohl aus dem Ofen nehmen, mit Wasabi-
Mayo bestreichen und die Kräuter darüberstreuen.

 Fertig in 25 Minuten

 Pro Portion
ca. 330 kcal, E 36 g,
F 18 g, KH 5 g, ED 1,3

**Tipps**

*Wirsing ist eine prima Alternative, wenn mal kein Spitzkohl aufzutreiben ist.*

*Ein tolles Gäste-Essen!*

# Gefüllter Wolfsbarsch orientalisch

Der Mix macht's: Während die Fische in Pergament garen,
machen sie Zwiebeln, Knoblauch, Aprikosen, Nüsse, Kumin und Senfsaat
wunderbar aromatisch

### ZUTATEN

2 Portionen

2 rote Zwiebeln
2 Knoblauchzehen
1 Bio-Zitrone
30 g getrocknete Aprikosen
6–7 Walnusskerne
1 TL körniger Senf
½ TL Senfkörner
Edelsüß-Paprikapulver
gemahlener Kumin
Cayennepfeffer
2 küchenfertige Wolfsbarsche
à 360 g
Meersalz
2 TL Olivenöl
250 g Zucchini
ein paar Minzeblättchen

— Den Backofen auf 180 Grad, Umluft 160 Grad, Gas Stufe 3 vorheizen.

— Zwiebeln und Knoblauch hacken. 1 Stück Zitronenachtel fein würfeln. Alles mit Aprikosen, Walnüssen, Senf, Gewürzen und 1–2 TL Zitronensaft vermengen.

— Fische abspülen, innen salzen und füllen. Jeden Fisch auf ein großes Blatt Kochpergament geben. Mit je 1 TL Olivenöl beträufeln, Päckchen falten, verschließen und auf einem Backblech im vorgeheizten Backofen ca. 30–35 Minuten backen.

— Zucchinistreifen mit restlichem Öl und Salz vermengen und in einer beschichteten Pfanne kurz scharf anbraten. Mit Zitronensaft abschmecken und mit Minze zum Fisch anrichten.

 Fertig in 40 Minuten

 Pro Portion
ca. 430 kcal, E 38 g,
F 14 g, KH 35 g, ED 0,8

 Dazu 2 Pellkartoffeln
à 120 g

# Offene Lasagne
## MIT JAKOBSMUSCHELN UND ZITRONENGEMÜSE

Himmlischer Luxus aus dem Meer: Statt im Ofen zu backen,
werden Nudelblätter mit gebratenen Jacobsmuscheln, Salbei und karamellisiertem
Gemüse erst auf dem Teller elegant geschichtet

### ZUTATEN

2 Portionen

1 Bund Suppengrün (500 g)
2 TL Puderzucker
Meersalz
200 ml Fischfond
3–4 EL Kochsahne (15 % Fett)
1 Zitrone
1 TL weißer Saucenbinder
bunter Pfeffer
3 Lasagne-Teigplatten
8 Jakobsmuscheln (200 g)
8–10 Salbeiblättchen
5 TL Olivenöl
1 Tomate (100 g)

— Das Gemüse klein schneiden. Puderzucker in einer beschichteten Pfanne karamellisieren. Gemüse ohne den Porree zugeben und unter Rühren ca. 2–3 Minuten andünsten. Salzen. Fischfond zugeben und 4 Minuten zugedeckt garen. Porreeringe und Kochsahne zufügen und weitere 4 Minuten garen. Zitronensaft und Saucenbinder unterrühren, einmal aufkochen und mit Salz und Pfeffer abschmecken.

— Inzwischen die Teigplatten in Salzwasser garen.

— Die Jakobsmuscheln abspülen, trocken tupfen und mit Salbei in Olivenöl 2–3 Minuten braten. Salzen, pfeffern und herausnehmen. Tomatenwürfel im Bratfett schwenken.

— Lasagneblätter schichtweise mit Gemüse, Jakobsmuscheln und Salbei anrichten. Geschmolzene Tomaten darüberstreuen.

Fertig in 35–40 Minuten

Pro Portion
ca. 375 kcal, E 19 g,
F 17 g, KH 36 g, ED 0,8

# Fleisch

Schlemmen Sie sich schlank! Saftiges Steak
mit Krabben, zartes Zitronenhähnchen oder pfannen-
gerührtes Schweinefilet sind leckere Fitmacher,
die wenig Fett enthalten, dafür hochwertige
Aminosäuren, Eisen und B-Vitamine. Zusammen
mit frischen Salaten oder so raffinierten
wie kalorienarmen Saucen machen sie auf
leichte Art satt – und munter

# Zitronenhähnchen

## MIT RAUCHMANDELN

So verleiht Hähnchen Flügel: Zuerst die Filets mit Zitronenscheiben anbraten,
dann mit Saft gar ziehen lassen. Grandios dazu schmecken
knackige Mandeln mit Räuchernote

### ZUTATEN

3 Portionen

4 Hähnchenbrustfilets (etwa
850 g, ohne Haut; am besten
Bioqualität)
Salz
2 Schalotten
1 Knoblauchzehe
1 Bio-Zitrone
3 EL Olivenöl
2 Zitronen
1 Lorbeerblatt
250 g Rauke oder Löwenzahn
35 g Rauchmandeln
1 EL flüssiger Honig
frisch gemahlener Pfeffer

→ Fleisch abspülen, trocken tupfen, die Filets einmal durchschneiden und salzen. Die Schalotten abziehen und würfeln.
Knoblauchzehe abziehen und zerdrücken. Die Zitrone abspülen
und in Scheiben schneiden.

→ 1 EL Öl in einer großen Pfanne oder einem Bräter erhitzen.
Hähnchenstücke und Zitronenscheiben darin goldbraun anbraten. Schalotten und zerdrückten Knoblauch zufügen und kurz
mitbraten.

→ Restliche Zitronen auspressen und den Saft und etwa 120 ml
Wasser zum Fleisch gießen. Lorbeer zufügen und alles aufkochen. Zugedeckt bei kleiner Hitze etwa 15 Minuten köcheln
lassen.

→ Inzwischen die Rauke abspülen und trocken schleudern.
Rauchmandeln grob hacken. Rauke und Rauchmandeln mit dem
Honig und restlichem Olivenöl beträufeln, mit Salz und Pfeffer
würzen. Rauke und Zitronenhähnchen anrichten.

 Fertig in 45 Minuten

 Pro Portion
ca. 385 kcal, E 54 g,
F 16 g, KH 6 g, ED 1,1

 Dazu Baguette

# Beefsteak-Frikadellen

## MIT OFENGEMÜSE

Die haben es in sich: Paprika, Zucchini, Zwiebeln und Fenchel liefern
die volle Vitaminladung direkt aus dem Ofen und werden mit magerer Bulette
zur kompletten Mahlzeit

### ZUTATEN
4 Portionen

### OFENGEMÜSE
350 g rote Paprikaschoten
350 g Zucchini
350 g Gemüsezwiebeln
350 g Fenchelknollen
2–3 EL Olivenöl
1–2 TL Honig
Salz
frisch gemahlener Pfeffer

### FRIKADELLEN
1 ½ EL Röstzwiebeln
400 g Beefsteakhackfleisch
(am besten Bioqualität)
2 TL mittelscharfer Senf
1–2 EL Öl zum Braten

— Den Backofen auf 220 Grad, Umluft 200 Grad, Gas Stufe 5
vorheizen.

### FÜR DAS OFENGEMÜSE

— Alle Gemüsesorten getrennt putzen, abspülen und in größere
Stücke schneiden. Gemüse auf ein Backblech geben und mit
Olivenöl, Honig, Salz und Pfeffer würzen. Im Ofen etwa 25 Mi-
nuten rösten.

### FÜR DIE FRIKADELLEN

— Inzwischen Röstzwiebeln fein hacken. Hackfleisch, Senf und
Röstzwiebeln verkneten, mit angefeuchteten Händen 8 kleinere
Frikadellen daraus formen und salzen.

— Das Öl in einer beschichteten Pfanne erhitzen und die Frikadellen darin von jeder Seite etwa 3 Minuten bei mittlerer Hitze
goldbraun braten. Mit Pfeffer würzen und zusammen mit dem
Ofengemüse anrichten.

 Fertig in 45 Minuten

 Pro Portion
ca. 355 kcal, E 28 g,
F 20 g, KH 15 g, ED 0,8

 Dazu Quarkdip und
Baguette

# Steak und Krabben

## MIT GEBRATENEM SALAT

Surf & Turf mal anders: Statt Garnelen liefern hier aromatische Nordseekrabben B-Vitamine und hochwertiges Eiweiß und sorgen ganz nebenbei für ein schnelles Sättigungsgefühl

### ZUTATEN
4 Portionen

100 g TK-Erbsen
2 Römersalatherzen (500 g)
1 Knoblauchzehe
4 EL Olivenöl
4 Rinderhüftsteaks à 200 g
(am besten Bio)
Salz
frischer Pfeffer
3–4 EL Sherry-Essig
200 g Nordseekrabbenfleisch

→ Erbsen mit kochendem Wasser überbrühen und 10 Minuten ziehen lassen. Salat putzen, abspülen und in breite Streifen schneiden. Knoblauch schälen, andrücken. Erbsen abtropfen lassen.

→ 2 EL Öl in einer großen Pfanne erhitzen. Steaks trocken tupfen, salzen und im heißen Öl etwa 10–12 Minuten braten. Dabei das Fleisch oft wenden, damit es nicht zu dunkel wird. Mit Pfeffer würzen, aus der Pfanne nehmen und in Alufolie wickeln. Etwa 5 Minuten ruhen lassen, dabei warm halten.

→ Restliches Öl in der Pfanne erhitzen. Salatstreifen und Knoblauch kurz darin anbraten, dann mit Salz, Pfeffer und Essig würzen. Knoblauch entfernen.

→ Erbsen unter den gebratenen Salat heben, abschmecken und auf 4 Teller verteilen. Steaks aus der Folie nehmen, auf den Salat legen und mit dem Krabbenfleisch bestreuen.

 Fertig in 35 Minuten

 Pro Portion
ca. 400 kcal, E 54 g,
F 18 g, KH 5 g, ED 0,9

 Dazu Baguette

**Tipp**

*Knoblauch im Ganzen kurz mitbraten
und wieder entfernen – dann ist der
Geschmack nicht so intensiv wie bei einer
ganzen gehackten Zehe.*

# Champignon-Chili

Hier können Sie aus dem Vollen schöpfen: Der würzige Sattmachertopf
mit Beefsteakhack, Pilzen und roten Linsen heizt mit kräftiger
Chilischärfe den Stoffwechsel an

### ZUTATEN
4 Portionen

250 g Beefhack (Tatar)
1 TL Chilipulver
2 EL Öl
1 gehackte Zwiebel
250 g Champignons
2 Dosen gehackte Tomaten
(à 400 g)
120 g rote Linsen
2 EL TK-Kräuter

— Das Beefhack (Tatar), gewürzt mit Salz und Chilipulver, in
2 EL heißem Öl etwa 10 Minuten krümelig braten. Zwiebel
und Champignons in Scheiben zugeben und mitbraten. Tomaten und ½ Dose Wasser zugießen und aufkochen.

— Rote Linsen abspülen, in den Topf geben und zugedeckt
12–15 Minuten kochen. Die TK-Kräuter unterrühren, mit Salz
und Pfeffer würzen.

 Fertig in 30 Minuten

 Pro Portion
ca. 270 kcal, E 25 g,
F 10 g, KH 20 g, ED 0,7

### Tipps

Ein Schuss guter Balsamessig gibt
einen besonderen Geschmackskick.

Ein Stück Pita-Brot oder etwas Reis und
ein Klecks saure Sahne passen
auch dazu.

Weil's so gut schmeckt, eignet sich das
Chili auch als Sauce für Spaghetti
oder in einer Lasagne.

# Burger-Salat-Sandwich

Fast Food, das fit macht! Mageres Rindertatar, saftig gebraten, ist der schlanke Fleischgenuss zwischen Toast, Salat und Tomaten. Wer mag, nimmt ballaststoffreicheres Vollkorntoast

**ZUTATEN**

4 Stück

300 g Beefhack (Tatar)
Pfeffer
Salz
1 EL Öl
1 Bund Rauke
2 Tomaten
8 Scheiben Toastbrot
Ketchup
Senf

— Das Beefhack (Tatar) zu 4 flachen Hacksteaks formen. Mit Salz und Pfeffer würzen. In heißem Öl (oder ohne Öl auf Backpapier in der Pfanne) von beiden Seiten 6–8 Minuten braten.

— Die Rauke und die Tomaten abspülen. Die Scheiben Toastbrot toasten, mit etwas Ketchup und Senf bestreichen und mit den Buletten, der Rauke und Tomatenscheiben belegen. Als Sandwich zusammenlegen und eventuell schräg halbieren.

 Fertig in 15 Minuten

 Pro Portion
ca. 285 kcal, E 18 g,
F 14 g, KH 21 g, ED 1,7

**Tipp**

Beefhack ist kalorienarm und wird beim Braten nicht zäh – Tophit der leichten Küche!

# Beef Tatar

## MIT ZUCCHINI

Französisch für Anfänger: Klassisch serviert man das frische Rinderhack
mit rohem Eigelb. Unser Rezept mit pochiertem Ei, Zucchinisalat und nussigem Öl
ist eine leckere Variante

### ZUTATEN
2 Portionen

150 g grüne Zucchini
2 EL Essig
2 Eier (Größe M)
2 Lauchzwiebeln
½ Bund Basilikum
1 TL Estragon-Senf
300 g Beefsteakhack (Tatar)
geriebene Limettenschale
2 EL Walnuss- oder
geröstetes Sesamöl
Pfeffer
Salz

— Die Zucchini abspülen, putzen und mit dem Sparschäler längs in dünne Scheiben hobeln. Mit etwas Salz bestreuen und etwa 10 Minuten stehen lassen.

— Inzwischen Wasser und Essig aufkochen. Eier einzeln in eine Suppenkelle aufschlagen, ins kochende Wasser gleiten lassen und etwa 4 Minuten darin gar ziehen lassen (pochieren). Eier mit einer Schaumkelle vorsichtig herausheben und auf Küchenkrepp abtropfen lassen.

— Für das Tatar die Lauchzwiebeln putzen, abspülen und fein hacken. Basilikum abspülen, trocken tupfen und die Blätter in feine Streifen schneiden. Beides mit Estragon-Senf und dem Beefsteakhack vermengen. Tatar mit Salz, frisch gemahlenem Pfeffer und abgeriebener Limettenschale würzen.

— Zucchini mit Küchenkrepp trocken tupfen. Zucchini, Tatar und Ei anrichten. Walnuss- oder geröstetes Sesamöl darüberträufeln.

Fertig in 30 Minuten

Pro Portion
ca. 315 kcal, E 34 g,
F 17 g, KH 6 g, ED 0,9

Dazu 2 Mini-Laugen-stangen

# Pfannengerührtes Schweinefilet

Wokken Sie sich schlank! Chili, Ingwer und frische Kräuter sind die perfekten Partner, um Schweinefilet viel Aroma ohne Kalorien zu verleihen. Erdnüsse und Kokosraspel sorgen für Biss und Pfiff

## ZUTATEN

4 Portionen

400 g Schweinefilet
(am besten Bio)
2 Knoblauchzehen
30 g frischer Ingwer
2 rote Chilischoten
1 kleines Bund Lauchzwiebeln
2 Limetten
je 1 Bund Minze und Koriander
5 Stiele Basilikum
3 EL Erdnussöl
80 g ungesalzene Erdnusskerne
2 EL Fischsauce
50 g frisches Kokosnussfleisch
(grob geraspelt)

— Vom Filet Sehnen und Häutchen entfernen, Fleisch in dünne Streifen schneiden. Knoblauch und Ingwer schälen und hacken. Chilis entkernen, abspülen und fein würfeln. Lauchzwiebeln putzen, abspülen und in feine Ringe schneiden.

— Limetten abspülen und trocken tupfen. Von einer Limette die Schale dünn abreiben, den Saft auspressen. Zweite Limette in Spalten schneiden. Kräuter abspülen, trocken schütteln und grob schneiden.

— In einem großen Wok oder einer Pfanne 2 EL Erdnussöl sehr stark erhitzen. Fleisch darin rundum braun anbraten. Fleisch und Bratsaft in einen Teller geben, beiseitestellen. Wok auswischen. Restliches Öl im Wok erhitzen. Knoblauch, Ingwer und Chili darin unter Rühren kurz anbraten. Lauchzwiebeln und Erdnüsse dazugeben und weitere 1–2 Minuten unter Rühren braten.

— Fleisch und Bratsaft dazugeben. Limettenschale, -saft und Fischsauce unterrühren. Einen Teil der Kräuter und Kokosraspel unterheben. Anrichten, mit den restlichen Kräutern, Kokosraspeln und Limette servieren.

 Fertig in 40 Minuten

 Pro Portion
ca. 365 kcal, E 28 g,
F 25 g, KH 7 g, ED 2,1

# Hähnchenbrustfilet

## MIT SPINAT

So schmeckt Fitness vom Feinsten! In Sake gar gezogen, liefert zartes Hähnchen reichlich Eiweiß, Fenchelsalat und frischer Blattspinat stärken die körpereigene Abwehr

### ZUTATEN

2 Portionen

1 großes Hähnchenbrustfilet (250 g)
Szechuan-Pfeffer
1–2 Fenchelknollen (400 g)
100 ml Sake (Reiswein; oder trockener Sherry oder Apfelsaft)
2 EL Akazienhonig
125 g saure Sahne
100 g frischer Blattspinat
1–2 TL Gomasio (geröstetes Sesamsalz)
Salz

— Hähnchenbrustfilet abspülen, trocken tupfen und längs halbieren. Mit Salz und Szechuan-Pfeffer würzen.

— Fenchelknollen putzen, abspülen und fein hobeln. Fenchel mit Salz bestreuen, mit den Händen durchkneten und stehen lassen.

— Sake, Akazienhonig und 1–2 Prisen Salz in einer kleinen Pfanne zugedeckt aufkochen. Hähnchenfleisch hineingeben und bei mittlerer Hitze 2 Minuten kochen. Fleisch wenden, die Pfanne vom Herd nehmen und 5 Minuten zugedeckt stehen lassen.

— Sake-Sud und saure Sahne verrühren und mit Salz und Szechuan-Pfeffer abschmecken. Den frischen Blattspinat abspülen und trocken schleudern. Alle Zutaten anrichten, mit Sauce beträufeln und mit Gomasio bestreuen.

 Fertig in 20 Minuten

 Pro Portion
ca. 380 kcal, E 38 g,
F 9 g, KH 21 g, ED 0,7

# Lammrücken und Pak-Choi

## MIT RICOTTACREME

Essen macht schön: Pak-Choi, ein asiatischer Verwandter vom Chinakohl, schmeckt leicht scharf und sorgt dank Beta-Karotin für einen frischen Teint

### ZUTATEN

4 Portionen

2 Lammrückenfilets
(Lammlachse; etwa 600 g)
grober Pfeffer
1 EL Olivenöl
mediterranes Gewürzsalz
2–3 EL fein gehackte Kräuter
(Petersilie, Salbei, Minze)
200 g Ricotta
2 TL Sardellenpaste
2–3 EL weißer Balsamessig
500 g Pak-Choi
2 EL Olivenöl
1–2 TL geröstete Pinienkerne
Pfeffer
Salz

— Den Backofen auf 160 Grad, Umluft 140 Grad, Gas Stufe 2 vorheizen.

— Lammrückenfilets mit grobem Pfeffer bestreuen und in 1 EL Olivenöl von allen Seiten anbraten. Fleisch mit mediterranem Gewürzsalz und 1–2 EL fein gehackten Kräutern bestreuen. Fleisch in Alufolie wickeln und im Backofen etwa 20 Minuten gar ziehen lassen.

— Ricotta, Sardellenpaste und weißen Balsamessig verrühren und mit Pfeffer abschmecken.

— Pak-Choi putzen, abspülen, trocken tupfen und längs halbieren. Auf der Schnittfläche in 1 EL Olivenöl anbraten, wenden, mit 1 EL Wasser beträufeln und etwa 1–2 Minuten zugedeckt in der Pfanne gar ziehen lassen. Pak-Choi salzen, pfeffern und mit den gerösteten Pinienkernen bestreuen.

— Lamm, Gemüse und Dip anrichten und das Fleisch mit 1 EL fein gehackten Kräutern bestreuen.

 Ohne Wartezeit fertig in
20 Minuten

 Pro Portion
ca. 360 kcal, E 38 g,
F 21 g, KH 4 g, ED 1,0

 Dazu Vollkorn-Ciabatta

**Tipp**

Anstelle des mediterranen
Gewürzsalzes können Sie auch ein
anderes Kräutersalz verwenden.

# Poulardenbrust

## MIT HIMBEER-DIJON-SAUCE

*Das kleine Wunder aus der Röhre: Im Ofen gart Hähnchenbrust fast
ohne Fett schön zart und supersaftig. Dazu passt neben der fruchtig-scharfen
Sauce ein knackfrischer Blattsalat*

### ZUTATEN

4 Portionen

### POULARDENBRUST

4 Hähnchenbrustfilets mit Haut
à 180 g (am besten Bio)
Salz
frisch gemahlener Pfeffer
1 EL Butter zum Beträufeln
einige Zweige Thymian und
Rosmarin

### HIMBEER-DIJON-SAUCE

100 g Himbeeren
je 2 TL feiner und körniger
Dijon-Senf
120 g Himbeergelee
½ Limette

— Den Backofen auf 200 Grad, Umluft 180 Grad, Gas Stufe 4 vorheizen.

### FÜR DIE POULARDENBRUST

— Das Fleisch abspülen und mit Küchenkrepp gut trocken tupfen. Mit Salz und Pfeffer würzen und in eine ofenfeste Form legen. Die Butter schmelzen lassen und das Fleisch damit beträufeln. Die Kräuter abspülen und die Zweige auf das Fleisch legen.

— Im Ofen etwa 20–25 Minuten auf der mittleren Schiene im Backofen braten. Falls das Fleisch dann noch nicht braun ist, kurz den Grill dazuschalten und die Hähnchenfilets goldbraun grillen.

### FÜR DIE HIMBEER-DIJON-SAUCE

— Himbeeren verlesen. Beide Senfsorten und Himbeergelee verrühren und mit Salz würzen. Limette heiß abspülen, die Schale fein abreiben und zur Sauce geben. Himbeeren kurz unterrühren und dabei einige Früchte zerdrücken. Die Sauce mit Salz abschmecken.

— Die gebratenen Hähnchenfilets zusammen mit der kalten Himbeer-Dijon-Sauce servieren.

Fertig in 40 Minuten

Pro Portion
ca. 310 kcal, E 43 g,
F 5 g, KH 22 g, ED 1,3

Dazu frischer Salat
und Brot

## Tipps

Die Himbeersauce hält sich fest verschlossen in einem Schraubglas im Kühlschrank etwa 1–2 Tage lang. Die Sauce schmeckt ebenfalls zu gegrilltem Fleisch und Fisch oder auch zu Roastbeef.

Oftmals wird Hähnchenbrust mit Haut nur als doppeltes Filet am Knochen angeboten. Das Fleisch am Knochen dann wie beschrieben zubereiten, jedoch die Bratzeit um etwa 8–10 Minuten verlängern. Sie können aber auch Hähnchenkeulen oder Hähnchenbrust-filets ohne Haut nehmen.

# Schweinebraten, Linsen und Mango-Chili

Das Beste, was Ihnen im Büro passieren kann: Magerer Schweinebraten-Aufschnitt mit Power-Linsen und einem scharf-fruchtigen Mango-Mix, der Sie ordentlich in Schwung bringt

### ZUTATEN

2 Portionen

250 g Mangofruchtfleisch
2 Lauchzwiebeln
1 rote Chilischote
1 Limette
100 g Naturjoghurt (1,5 % Fett)
Salz
200 g Linsen aus der Dose
½ EL Olivenöl
frisch gemahlener Pfeffer
Rosenpaprika
gemahlener Kumin
150 g magerer Schweinebraten-Aufschnitt
½ Kästchen Kresse

— Zwei Drittel der Mango in Scheiben schneiden, den Rest fein würfeln. Mango-, Lauchzwiebel- und Chiliwürfel mit 1 TL Limettensaft verrühren.

— Joghurt und 1–2 Prisen Salz glatt rühren.

— Abgetropfte Linsen mit restlichem Limettensaft und Olivenöl verrühren und mit Salz, Pfeffer, Paprika und Kumin abschmecken. Linsen, Mango- und Bratenscheiben mit Mango-Chili, Joghurt und Kresse anrichten.

 Fertig in 15 Minuten

 Pro Portion
ca. 440 kcal, E 30 g,
F 16 g, KH 43 g, ED 1,1

 Dazu 4 Grissini-Stangen

# Filetsteak

## MIT FEIGEN-TOMATEN-SALAT

Man muss sich auch mal was gönnen können: Das kurz gebratene Fleisch
zergeht auf der Zunge und macht mit zitrusfrischer Chilisauce
und Salat aus jeder Mahlzeit ein Fest

ZUTATEN

2 Portionen

4 TL Olivenöl
2 Filetsteaks vom Rind à 150 g
Meersalz
1 TL gefriergetrockneter
grüner Pfeffer
½ Saftorange
1 Limette
1 EL süß-scharfe Chilisauce
1–2 Lauchzwiebeln
250 g Tomaten
2–3 Feigen
1 Handvoll Kräuterblättchen
(Koriander oder Petersilie,
Minze, Kerbel)

— Den Backofen auf 200 Grad, Umluft 180 Grad, Gas Stufe 4
vorheizen.

— Grillpfanne erhitzen. Mit 1 TL Olivenöl einfetten. Filetsteaks
mit Meersalz einreiben und von jeder Seite 1–2 Minuten braten.
Pfeffer grob zerstoßen. Steaks auf ein Backblech legen, mit
Pfeffer bestreuen und weitere 5 Minuten im Backofen garen.

— Orangen- und Limettensaft, Chilisauce, restliches Olivenöl
und Meersalz verrühren.

— Fein gehackte Lauchzwiebel, Tomaten- und Feigenspalten
und Kräuterblättchen zu den Steaks anrichten und mit Sauce
beträufeln.

Fertig in 20–25 Minuten

Pro Portion
ca. 415 kcal, E 36 g,
F 15 g, KH 31 g, ED 0,8

# Ragout vom Hähnchen

## MIT SHIITAKE-PILZEN

Was das Besondere an dieser Rahmsauce ist? Sie hat eine feine Curry- und Orangennote, leichte Senfschärfe und viel weniger Kalorien, als Sie denken – dank fettarmer Kochsahne

**ZUTATEN**

2 Portionen

1 Möhre (100 g)
50 g Instant-Couscous
Meersalz
1 doppeltes Hähnchenbrustfilet
ohne Haut (ca. 350 g)
grüner Pfeffer
½ TL milder Madras-Curry
½ TL Anissaat
100 g Shiitake-Pilze
2 EL Olivenöl
200 ml Waldpilzfond
2 EL Sherryessig
2 EL Kochsahne (15 % Fett)
1 EL körniger Senf
2–3 TL bittere Orangen-
marmelade
2 EL Dillspitzen

- Möhren schälen, in Scheiben schneiden und in einer beschichteten Pfanne ca. 3–4 Minuten anbraten. Eventuell etwas Wasser zugeben. Möhrenscheiben, Couscous und Meersalz mit 100 ml kochendem Wasser begießen. 10 Minuten stehen lassen, dann mit einer Gabel durchrühren.

- Fleisch abspülen, längs in 2 cm breite Streifen schneiden. Mit Meersalz, grob geschrotetem Pfeffer, Curry und Anis vermengen.

- Pilze in 1 EL Öl ca. 3–4 Minuten bei großer Hitze braten. Etwa ¼ des Pilzfonds zugeben und verkochen lassen. Pilze herausnehmen. Restliches Öl in die Pfanne geben. Hähnchen ca. 2–3 Minuten unter Rühren braten. Herausnehmen.

- Essig, Kochsahne, Senf, Marmelade und restlichen Fond in die Pfanne geben. Sauce aufkochen und abschmecken. Pilze, Hähnchenfleisch und Dill zugeben und mit Couscous anrichten.

 Fertig in 25 Minuten

 Pro Portion
ca. 470 kcal, E 48 g,
F 16 g, KH 33 g, ED 0,8

# Putensteak

## MIT MELONE-ZUCCHINI-SALAT

Sonnige Zeiten auf Ihrem Teller: Das magere Putensteak bekommt mit Rosmarin
und Fenchel viel Geschmack mit in die Pfanne und wird erfrischend
fruchtig serviert

### ZUTATEN

2 Portionen

200 g Zucchini
Salz
2 große Lauchzwiebeln
400 g Melonenfruchtfleisch
(z. B. Cantaloupe-Melone)
2 EL aromat. Weißweinessig
2 TL scharfer Senf
bunter Pfeffer
4 TL Olivenöl
2 flache Putensteaks (je 180 g
in Bioqualität)
1 TL Fenchelsaat
ein paar Rosmarinnadeln
40 g Schafkäse

— Die Zucchini abspülen, trocken tupfen, in sehr feine Scheiben
schneiden und salzen. Lauchzwiebeln in feine Ringe und Melone
in Scheiben schneiden.

— Essig, 6 EL Wasser, Senf, Pfeffer und 2 TL Olivenöl mit einer
Gabel verquirlen. Die Zwiebelringe unterrühren.

— Melone und Zucchini auf einem großen Teller mischen und
das Dressing darüberträufeln.

— Eine mittelgroße beschichtete Pfanne erhitzen und mit dem
restlichen Olivenöl auspinseln. Putensteaks salzen, pfeffern und
mit Fenchelsaat und gehacktem Rosmarin bestreuen. Steaks von
jeder Seite 2 Minuten braten.

— Die Putensteaks zum Salat anrichten und alles mit zerkrümel-
tem Schafkäse bestreuen.

 Fertig in 15–20 Minuten

 Pro Portion
ca. 440 kcal, E 51 g,
F 15 g, KH 24 g, ED 0,8

**Tipp**

Eventuell noch eine Handvoll Salatblätter
unter den Melonen-Salat mischen.

# Gefülltes Schweinefilet

Auf die inneren Werte kommt es an: Joghurt-Frischkäse mit Zitrone, Kräutern und Paprika geben dem saftigen Fleisch viel Geschmack – und das auf ganz unbeschwerte Art

### ZUTATEN

4 Portionen

2 Schweinefilets à 300 g
3 EL Olivenöl
150 g Frischkäse mit Joghurt
(13–15 % Fett),
2 TL Bio-Zitronenschale
2 EL TK-Kräutern
2 Bund abgespülte Bio-Rauke
4 Tomaten in Scheiben
geschnitten
150 g geröstete und
abgetropfte Paprika (aus dem
Glas), in Streifen geschnitten
2–3 EL Balsamessig
Salz
Pfeffer

— Die Schweinefilets mit Salz und Pfeffer würzen und in 1 ½ EL heißem Olivenöl rundherum 15–20 Minuten zugedeckt braten. Herausnehmen und auskühlen lassen. Inzwischen Frischkäse mit Bio-Zitronenschale, TK-Kräutern und Salz verrühren.

— Bio-Rauke und Tomaten in Scheiben auf eine Platte legen, mit 1 ½ EL Olivenöl, Salz und Pfeffer würzen.

— Schweinefilets quer halbieren, mit Frischkäse bestreichen und mit gerösteter Paprika belegen. Beide Hälften zusammendrücken, vorsichtig mit einem sehr scharfen Messer in Portionsstücke schneiden und auf den Salat legen. Mit 2–3 EL Balsamessig beträufeln.

 Fertig in 30 Minuten

 Pro Portion
ca. 310 kcal, E 37 g,
F 15 g, KH 4 g, ED 0,9

**Tipp**

Der Mini-Braten ist ideal für
Sommergäste! Und auch gut auf dem
Grill zu machen: Die rohen Filets
halbieren und grillen. Erst dann mit der
Füllung belegen und auf dem Salat
servieren.

# Dessert

Vernaschen Sie das Beste zum Schluss und
verwöhnen Sie sich mit süßen Sachen, die rundum
glücklich machen: Wir empfehlen frische
Früchte satt auf Kuchen oder Tarte, als erfrischendes
Sorbet oder Eis und himmlische Schichtspeisen,
die unwiderstehlich cremig sind. Alles echte
Leichtgewichte, die Sie ganz ohne Reue genießen
können. Versprochen!

# Erdbeer-Schichtspeise im Glas

Löffeln Sie sich fröhlich! Biskuitbrösel, frische Erdbeeren und leichter Quark-Frischkäse heben die Stimmung und schmecken nach mehr

### ZUTATEN
10 Portionen

### BRÖSELBODEN
80 g Löffelbiskuits
40 g Butter
2 EL Milch
500 g Erdbeeren

### CREME
1 Limette
200 g Frischkäse (Balance; mit 16 % Fett)
250 g Magerquark
80 g Zucker
100 g Schlagsahne

### FÜR DEN BRÖSELBODEN

— Biskuits fein zerbröseln. Butter und Milch erhitzen, bis die Butter geschmolzen ist. Buttermischung und Brösel mischen.

— Die Bröselmischung auf 10 Gläser verteilen und etwas andrücken.

— Erdbeeren abspülen, putzen und je nach Größe halbieren oder vierteln. Etwa 350 g Erdbeeren auf den Biskuitboden geben. Die Gläser kalt stellen.

### FÜR DIE CREME

— Die Limette heiß abspülen, trocken tupfen, die Schale fein abreiben und den Saft auspressen. Frischkäse, Quark, 70 g Zucker, Limettensaft und ½ TL Limettenschale verrühren. Die Sahne steif schlagen und unter die Creme heben.

— Creme auf die Erdbeeren geben und glatt streichen. Restliche Erdbeeren und restlichen Zucker mit dem Stabmixer pürieren. Das Erdbeerpüree auf die Creme geben und verstreichen. Gläser bis zum Servieren im Kühlschrank kalt stellen.

 Fertig in 35 Minuten

 Pro Portion
ca. 195 kcal, E 5 g,
F 11 g, KH 18 g, ED 1,5

# Gefüllte Erdbeeren

## MIT SCHOKOLADE

*Wie aus Beeren Pralinen werden? Ganz einfach: Etwas Platz im Inneren schaffen, mit flüssiger Schokolade füllen, kalt stellen – und auf der Zunge zergehen lassen*

### ZUTATEN
25 Stück

50 g weiße Schokolade
50 g dunkle Schokolade
500 g Erdbeeren
evtl. sehr kleine Minzeblättchen

▸— Wasser in einem kleinen Topf aufkochen und vom Herd nehmen.

▸— Beide Schokoladensorten getrennt sehr fein hacken und in 2 Einwegspritzbeutel geben. Beide Beutel fest verschließen und ins heiße Wasser legen, bis die Schokoladen geschmolzen sind.

▸— Inzwischen Erdbeeren abspülen und trocken tupfen. Die Kelchblätter entfernen und am besten mit einem sehr kleinen Kugelausstecher oder einem Küchenmesser ein kleines Loch (etwa 1 cm tief) in die Erdbeeren schneiden.

▸— Die Spitze der Beutel abschneiden und die flüssige Schokolade in die Erdbeeren spritzen, eventuell je ein Minzeblättchen hineinstecken. Schokolade fest werden lassen, kalt stellen und die Erdbeer-Pralinen kühl servieren.

Ohne Wartezeit fertig in
25 Minuten

Pro Stück
ca. 25 kcal, E 0 g,
F 1 g, KH 3 g, ED 1,0

# Erdbeer-Rosen-Sorbet

## MIT BAISER

Rosarote Zeiten: Auf zartem Eischneegebäck schmeckt gefrorenes Fruchtpüree mit blumiger Note zum Dahinschmelzen gut

### ZUTATEN

8 Portionen

### SORBET

200 g Zucker
500 g Erdbeeren
1 EL Zitronensaft
2 ganz frische Eiweiß
4–5 TL Rosenwasser

### BAISERS

3 Eiweiß
1 Prise feines Meersalz
100 g feinster Zucker

### FÜR DAS SORBET

— Zucker und 200 ml Wasser etwa 2 Minuten kochen und dann ganz abkühlen lassen.

— Erdbeeren abspülen, putzen, in Stücke schneiden und mit dem Stabmixer fein pürieren. Das Püree durch ein feines Sieb streichen und den Zitronensaft unterrühren. 2–3 EL Erdbeerpüree für die Baisers beiseitestellen. Die Eiweiß zu steifem Schnee schlagen.

— Abgekühltes Zuckerwasser, Rosenwasser und Erdbeerpüree verrühren, nochmals mit Rosenwasser abschmecken. Eischnee mit einem Schneebesen unterheben. Mischung in die laufende Eismaschine gießen und 20–30 Minuten cremig gefrieren lassen. Anschließend in eine Gefrierdose füllen und bis zum Verzehr in den Tiefkühler stellen.

### FÜR DIE BAISERS

— Den Backofen auf 150 Grad, Umluft 130 Grad, Gas Stufe 1 vorheizen.

— Eiweiß und Salz steif schlagen. Zucker nach und nach einrieseln lassen und weiterschlagen, bis sich der Zucker aufgelöst hat. Das Erdbeerpüree in Schlieren unter den Eischnee ziehen.

— Den Eischnee als 8 Kleckse auf ein mit Backpapier ausgelegtes Backblech geben. Mit einem Esslöffel in jeden Klecks eine kleine Mulde drücken. Das Backblech auf die mittlere Schiene schieben und den Ofen auf 120 Grad, Umluft 90 Grad, Gas Stufe ½ herunterschalten. Baisers etwa 1 Stunde trocknen lassen, dabei einen Holzlöffel in die Backofentür klemmen, damit sie geöffnet ist und die Feuchtigkeit entweichen kann. Dann den Ofen ausschalten, die Baisers darin abkühlen lassen.

— Eis mit einem Eiskugelformer zu Kugeln formen. In den Baiser-Schalen mit etwas Erdbeerpüree anrichten.

Ohne Wartezeit fertig in 50 Minuten

Pro Portion
ca. 185 kcal, E 3 g,
F 0 g, KH 41 g, ED 1,7

**Tipp**

Wer keine Eismaschine hat, nimmt fertiges Erdbeer-Sorbet und aromatisiert es evtl. selbst mit etwas Rosenwasser. Baisers können Sie auch fertig in einer Konditorei kaufen.

# Kaffee-Vanille-Tiramisu

Schlank geschichtet: Statt Mascarpone kommen hier Vanillejoghurt
und Magerquark als leichte Creme auf getränkten Löffelbiskuits. Schön knackig
sind die gehackten Mandeln on top

### ZUTATEN

4 Portionen

100 ml heißer Kaffee
2 EL Rum (oder Orangensaft)
3 EL flüssiger Honig
12 Löffelbiskuits
150 g Magerquark
150 g Vanillejoghurt
40 g ganze Mandeln
etwas Kaffeepulver

— Den heißen Kaffee mit dem Rum (oder Orangensaft) und
1 ½ EL flüssigen Honig verrühren. Die 12 Löffelbiskuits auf
4 kleine Teller verteilen und mit dem Kaffeesirup tränken.

— Magerquark und Vanillejoghurt glatt rühren und auf den
Löffelbiskuits verteilen.

— Die Mandeln hacken und mit etwas Kaffeepulver über die
Creme streuen. 1 ½ EL Honig darüberträufeln.

 Fertig in 10 Minuten

 Pro Portion
ca. 290 kcal, E 11 g,
F 9 g, KH 40 g, ED 0,5

## Tipp

Ein tolles Rezept auch für die
nächste (Mitbring-)Party:
Zutaten verdoppeln und das Tiramisu
in eine Form schichten!

# Beerenkuchen

Die Beeren sind los – und zu finden auf luftigem Biskuit und frischer Joghurt-Quarkcreme. Süß, fruchtig und figurfreundlich!

**ZUTATEN**

8 Stücke

40 g Mandelblättchen
250 g Magerquark
250 g Vollmilch-Frucht- oder Vanillejoghurt
3 EL Puderzucker
1 fertiger heller Biskuit-Torten-boden
7 EL roter Fruchtsaft
350 g angetaute TK-Beeren oder frische Beeren

— Die Mandelblättchen in einer Pfanne ohne Fett rösten. Bitte aufpassen, sie sind schnell verbrannt!

— Den Magerquark, Vollmilch-Frucht- oder Vanillejoghurt und 2 EL Puderzucker verrühren. Den Biskuit-Tortenboden mit rotem Fruchtsaft beträufeln (evtl. einen Teil durch roten Fruchtlikör ersetzen).

— Mit der Hälfte der Mandelblättchen bestreuen. Die Creme gleichmäßig daraufstreichen. TK-Beeren oder frische Beeren und die restlichen Mandelblättchen darauf verteilen. Mit dem restlichen Puderzucker bestäuben.

 Fertig in 20 Minuten

 Pro Portion
ca. 230 kcal, E 9 g,
F 4 g, KH 37 g, ED 1,0

# Stracciatellacreme

Einfach umwerfend: Honigkaramellisierte Walnüsse und Zartbitter-Schokolade
plus Vanilleeis und saure Sahne ergeben im Handumdrehen die
Crème de la Crème mit süßem Biss

**ZUTATEN**

6 Portionen

50 g Walnüsse
1 EL flüssiger Honig
400 g halbweiches Vanille-Eis
(bitte auf Fettgehalt achten,
steht auf der Packung)
100 g saure Sahne
60 g gehackte Zartbitter-
Schokolade

— Walnüsse hacken und in einer Pfanne ohne Fett anrösten. Den Honig unterrühren.

— Das halbweiche Vanille-Eis, saure Sahne und die gehackte Zartbitter-Schokolade mit den Honig-Nüsse verrühren.

 Fertig in 10 Minuten

 Pro Portion
ca. 265 kcal, E 5 g,
F 15 g, KH 27 g, ED 2,5

### Info

Durch sogenanntes Conchieren – ein
Verfahren, das auch bei der Schoko-
ladenherstellung angewandt wird –
entsteht cremiges Vanilleeis mit
verhältnismäßig geringem Fettgehalt.
Dabei wird besonders lange gerührt, das
macht Schokolade zarter und Eis
luftiger – was den Fettgehalt reduziert.
Conchiertes Vanilleeis enthält circa
7,5 Prozent Fett und 190 Kilokalorien
pro 100 Gramm.

# Heidelbeer-Quark-Eis

Wie cool ist das denn? Geeiste Früchte, Magerquark und ein Schuss Mineralwasser
sind garantiert fix gemixt – und noch schneller vernascht

**ZUTATEN**

4 Portionen

350 g Magerquark
3 EL Puderzucker
4 EL sprudelndes Mineralwasser
300 g leicht angetaute
TK-Heidelbeeren

— Magerquark, Puderzucker und sprudelndes Mineralwasser
mit einem Schneebesen cremig aufschlagen.

— Von den leicht angetauten Heidelbeeren 2 EL abnehmen, den
Rest mit der Creme pürieren. In Gläser füllen und mit den restlichen Beeren bestreuen.

 Fertig in 12 Minuten

 Pro Portion
ca. 140 kcal, E 12 g,
F 1 g, KH 19 g, ED 0,8

# Apfel-Heidelbeer-Tarte

Wir haben Hefeteig mit cremigem Quark aufgelockert und üppig mit Obst belegt.
Ganz ehrlich, Widerstand zwecklos!

### ZUTATEN

12 Stücke

### TEIG

200 g Dinkelmehl (Type 630)
2 EL Maismehl
1 Päckchen geriebene
Zitronenschale
2 EL Zucker
1 TL Trockenhefe
160 g Cremequark (0,2 % Fett)
1 Bio-Ei (Größe M)
1 Prise Salz
Mehl zum Verarbeiten

### BELAG

750 g Äpfel
150 g TK-Heidelbeeren
20 g Puderzucker zum Bestäuben

### FÜR DEN TEIG

— Beide Mehlsorten, Zironenschale, Zucker und Trockenhefe
mischen. Cremequark, Ei und Salz zugeben und alles mit den
Knethaken des Handrührers zu einem glatten Teig verkneten.
Den Teig zugedeckt an einem warmen Ort ca. 60 Minuten stehen
lassen.

— Den Backofen auf 200 Grad, Umluft 180 Grad, Gas Stufe 3
vorheizen.

— Den Teig in eine mit Backpapier ausgelegte Tarte- oder Springform (Ø 26 cm) geben und mit den bemehlten Händen in die
Form drücken.

### FÜR DEN BELAG

— Die Äpfel in Spalten schneiden, auf dem Teig verteilen und
mit Heidelbeeren bestreuen.

— Den Kuchen etwa 25 Minuten goldbraun backen. Eventuell
nach 20 Minuten mit Backpapier abdecken.

— Kuchen auf einem Rost etwas abkühlen lassen und vor dem
Anrichten mit Puderzucker bestreuen.

Ohne Wartezeit fertig in
25 Minuten

Pro Stück
ca. 130 kcal, E 4 g,
F 1 g, KH 25 g, ED 1,1

# Wassereis mit gemischten Sommerbeeren

Kennen Sie schon Obst von Schleck? Beeren nach Belieben, japanischen Reiswein und Zitronenlimo einfrieren und komplett fettfrei die nächste Eiszeit genießen

**ZUTATEN**

20 Stück

200 g gemischte Beeren
(z. B. Erdbeeren, Himbeeren und Heidelbeeren)
420 ml Zitronenlimonade
80 ml Sake (japanischer Reiswein)

— Beeren verlesen, eventuell abspülen, putzen und in Eisförmchen (siehe Tipp) geben.

— Limonade und Sake mischen, in die Formen gießen, sodass sie zu ¾ voll sind.

— Eisformen mit den gemischten Beeren für mindestens 5 Stunden einfrieren.

 Ohne Wartezeit fertig in
10 Minuten

 Pro Stück
ca. 15 kcal, E 0 g,
F 0 g, KH 3 g, ED 0,4

## Tipp

*Wer keine Eisförmchen zum Einfrieren kaufen möchte, nimmt kleine Tassen oder Joghurtbecher. Dazu die Oberfläche fest mit Alufolie abdecken und in die Mitte Holzstäbchen oder -spieße stecken. Soll's ohne Alkohol sein, den Sake durch Zitronenlimonade ersetzen.*

# Pfirsich-Himbeer-Eisbombe

Ist viel einfacher als es aussieht und sorgt für große Augen bei den Gästen.
Vor allem, wenn Sie verraten, wie leicht das cremige Milcheis mit
ganzen Pfirsichstücken ist

### ZUTATEN

10 Portionen

250 ml H-Vollmilch
1 Dose Pfirsichhälften (425 ml)
4 EL Obstbrand
500 g Himbeeren
1 Packung »1001 Eispulver«
Vanillegeschmack

— Milch für etwa 20 Minuten in den Tiefkühler stellen.
Pfirsiche in einem Sieb abtropfen lassen, den Sud dabei auffangen. Die abgetropften Pfirsichhälften in schmale Spalten
schneiden.

— 3 EL Pfirsichsud und den Obstbrand verrühren. Himbeeren
verlesen, auf einem Teller ausbreiten, mit dem Pfirsichbrand
beträufeln.

— Eine Schüssel mit rundem Boden (2 l Inhalt; Ø 20 cm) anfeuchten und mit Frischhaltefolie auslegen. Schüssel am Rand
mit der Hälfte der Pfirsichspalten und den Himbeeren auslegen.
Form für etwa 20 Minuten einfrieren.

— Gekühlte Milch und Eispulver nach Packungsanweisung
aufschlagen. Die Hälfte davon in die Form füllen und für etwa
1 Stunde einfrieren. Restliche Eismasse kalt stellen.

— Übrige Pfirsichspalten auf das angefrorene Vanilleeis streuen,
restliches Eis daraufgießen. Für mindestens 4 Stunden einfrieren.

— Eisbombe aus der Form lösen, Folie entfernen und das Eis
in Tortenstücke schneiden. Eventuell mit dem restlichen
Pfirsichsud beträufeln.

Ohne Wartezeit fertig in
20 Minuten

Pro Portion
ca. 105 kcal, E 2 g,
F 1 g, KH 18 g, ED 0,8

# In Balance bleiben

Da hat man endlich abgenommen und schwört sich: Auf meine Hüften kommen die ungeliebten Pfunde nie wieder! Doch kaum ist man zum normalen Ernährungsplan zurückgekehrt, kneift die Lieblingsjeans schon wieder. Schluss damit. Hier erfahren Sie, mit welchen Handgriffen, Garmethoden, Gewürztricks und einem bewussten Einkauf Sie Kalorien reduzieren können, ohne auf den vollen Geschmack von sahnigem Käse und saftigem Fleisch, sämigen Saucen und süßer Vielfalt zu verzichten

# Die große Leichtig-
# keit des Kochens

Kochen kann so einfach sein. Und wer unsere Tipps und Tricks kennt, hat keinen Grund mehr, sich eine Fertigpizza in den Ofen zu schieben, nur weil es schneller geht. Denn selber kochen schmeckt nicht nur viel besser, man spart auch jede Menge versteckter Kalorien, wenn man weiß wie – und es ist so unkompliziert.

### Nur salzen, nicht kochen

Gemüse salzen, dann stampfen oder durchkneten. Nach diesem Motto kann man nicht nur Weißkohlsalat herstellen, auch Fenchelsalat (siehe Seite 116) schmeckt so hervorragend und die Vitamine bleiben erhalten. Blanchieren oder Kochen ist mit dieser Technik überflüssig!

### Wasser marsch!

Es muss nicht immer Saft oder Brühe sein, um eine Salatsauce zu verdünnen. 2–3 El Wasser dazu, und die Sauce ist geritzt. Machen Sie es einfach den Italienern nach: Sie rühren etwas Nudelwasser in die Sauce und gut ist's.

### In der Kürze liegt die Würze

Verzichten Sie in der leichten Küche auf stundenlanges Schmoren oder Braten, um wertvolle Inhaltsstoffe zu schonen. Dafür nehmen Sie kräftige Gewürze wie Sardellen- oder Currypasten, Szechuanpfeffer, Wasabi, Senf, Essig und vor allem frische Kräuter und sorgen so für viel Geschmack bei den Rezepten.

### Alles Käse

Ob »Kräuter«, »Meerrettich«, »Ziegenfrischkäse« oder »Dill & Schnittlauch«: Die neuen leichten Frischkäsesorten sind gleichzeitig Würze und Bindemittel für Salat- oder Pastasaucen, Suppen oder ideal zum Füllen.

### Ab in die Röhre

Steaks und Filets verlangen in der Pfanne die volle Aufmerksamkeit. Geben Sie die gern ab, braten Sie das Fleisch erst in der Pfanne an, der Backofen gart sie dann in Ruhe fertig – während Sie sich um Gemüse und Salat kümmern.

### Der Trick mit dem Schlauch

Antipasti kann ganz schön fett sein. Leichter wird's mit dem »Vitamintresor« Bratschlauch. Das Gemüse gart meist im eigenen Saft, schmeckt viel intensiver, etwas Öl kommt zum Schluss sparsam, fast wie eine Würze dazu.

### Clever einkaufen, kochen, genießen

Was vor allem hilft, sich leicht zu ernähren? Greifen Sie bewusst zu möglichst frischen und saisonalen Produkten und beherzigen Sie ein paar Küchentipps:

**Fleisch** Sichtbares Fett immer abschneiden, das gehört gar nicht erst in die Pfanne! Noch leichter machen Sie es sich, wenn Sie gleich ganz magere Sorten kaufen.

**Geflügel** Aufgepasst, unter der Haut sitzt das meiste Fett: am besten die Haut nicht mitbraten und das Fett abschneiden.

**Hack** Man sieht es den Sorten schon an, sie sind unterschiedlich fett: Schweinemett hat 35 Gramm Fett pro 100 Gramm, Beefhack (Tatar) nur 6 Gramm.

**Panade** Finger weg! Wiener Schnitzel oder Bratfisch nicht panieren, denn Ei und Brösel saugen sich mit Fett voll. Ein Trick für alle, die gar nicht darauf verzichten mögen: nur eine Seite panieren.

**Schinken** Sorten mit weißem Fettrand nur hauchdünn essen. Dann wiegt eine Scheibe Parmaschinken etwa 10 Gramm, normal geschnittene 25 Gramm.

**Milch** Bevorzugen Sie zum Kochen und im Kaffee fettarme Milch. Bei einem Liter macht das immerhin 20 Gramm Fett aus, also rund 200 Kalorien. Ein kluger Tipp, besonders für die Latte-Macchiato-Fraktion.

**Milchprodukte** Für Suppen und Saucen saure Sahne satt Crème fraîche nehmen. Bei 100 Gramm sind das 10 statt 28 Gramm Fett. Auch bei (Frisch-)Käse kann man sparen: lieber zu den fettreduzierten greifen.

**Tomaten** Die Lieblinge und Alleskönner sind das perfekte Schlankgemüse mit nur 10 Kalorien pro 50 Gramm Tomaten. Dosentomaten, Tomatensaft oder -mark aus der Tube können im Winter als Ersatz dienen.

**Obst und Gemüse** Zugreifen! Vor allem Gurken und Wassermelonen bestehen fast nur aus Wasser. Ein großer Teller Salatgurke macht mit weniger als 100 Kalorien satt – und das Riesenstück Wassermelone zum Nachtisch rundum glücklich!

**Salatsaucen** Leicht sind sie dann, wenn Sie Öl sparen. Dabei helfen fettarmer Joghurt, Senf, Kräuter, Gewürze und zum Glattrühren Buttermilch, Zitronensaft oder Mineralwasser. Und wer ein Stück Salatgurke oder Tomate mit dem Mixer püriert und unterrührt, erhält eine frische und fruchtige Sauce.

**Olivenöl** Verwenden Sie bestes Öl wie ein Gewürz und geben Sie es erst ganz zum Schluss über das Essen. Um sparsam damit umzugehen, am besten die Menge mit einem Löffel dosieren.

**Fisch und Fleisch** In einer guten beschichteten Pfanne oder noch besser in der Pfanne auf einem Stück Backpapier kann man ganz ohne Fett braten. Fleisch und Fisch werden braun, bleiben aromatisch und saftig. Der Bratsaft, der austritt, sammelt sich auf dem Papier. Wenn außerdem Kräuter oder Knoblauch mitbraten, wird's noch aromatischer. Den Bratsaft am besten auffangen und als Sauce über Fisch oder Fleisch verteilen.

# Energie tanken – aber richtig!

Was wir essen, gibt uns Energie. Und die braucht unser Motor, um richtig zu laufen. Wichtig dabei ist nur, dass wir nicht mehr essen, als wir brauchen. Denn dann entstehen unerwünschte Speckröllchen – Hüftgold! Der Körper nutzt nämlich alles, was er bekommt, wandelt dann überschüssige Energie in Fett um und speichert es für »schlechte Zeiten«. Also versuchen alle, die ein paar überflüssige Kilos loswerden wollen, Kalorien zu sparen, also weniger zu essen. Dabei geht sattwerden UND dabei Kalorien sparen durchaus: Mit dem Prinzip der niedrigen Energiedichte (ED) braucht niemand auf seine Lieblingsgerichte oder -snacks zu verzichten.

Das Ziel ist also, Mahlzeiten zusammenzustellen, die möglichst wenig Kalorien pro Gramm oder Portion liefern. Besonders günstig sind deshalb wasserhaltige Lebensmittel, da das mitgelieferte Wasser gut sättigt, aber keine Kalorien liefert. Das Geheimnis für alle, die gut in Form bleiben oder kommen wollen, ist also nicht weniger, sondern anders essen.

## Wie berechnet man die Energiedichte?

Man teilt eine bestimmte Menge eines Lebensmittels durch sein Gewicht, schon hat man die Energiedichte. Zum Beispiel haben 30 Gramm Kochschinken 38 Kilokalorien. 38 geteilt durch 30 = 1,3. Das ist die Energiedichte. Und was sagt sie uns?

Eine **niedrige Energiedichte** hat alles bis 1,5 kcal/Gramm. Ungeschlagen sind Gemüse mit einer extrem niedrigen Energiedichte von 0,2 kcal/Gramm und Obst mit 0,5 kcal/Gramm. Aber auch mageres Fleisch oder Fisch liegen ganz weit vorn.

Eine **mittlere Energiedichte** von 1,6 bis 2,4 kcal/Gramm bedeutet: Alles im grünen Bereich, wenn die Portionsgröße stimmt. Eine halbe Meeresfrüchtepizza lässt sich zum Beispiel prima mit einem Salat ergänzen. Damit werden Sie satt.

Von **hoher Energiedichte** spricht man ab 2,5 kcal/Gramm. Achtung! Diese Lebensmittel nur in kleinen Portionen genießen und immer mit Produkten mit niedriger ED kombinieren. Wer sich mit Energiedichte beschäftigt, bekommt schnell ein Gefühl für ungünstige Lebensmittel und findet leicht Ersatz. Wenig überraschend: Süßigkeiten und Gebäck sind mit Werten von 4 oder 5 weit abgeschlagen. Kein Wunder, sie enthalten kaum Wasser, dafür umso mehr Fett.

**Fazit** Je wasserreicher und fettärmer ein Lebensmittel, desto geringer die Energiedichte und desto besser für die Figur. Mit Ausnahme von Getränken, wie Saft, Cola etc. Diese enthalten zwar viel Wasser, machen aber nicht satt und enthalten Zucker. Anders als bei fester Nahrung hat der Magen mit Flüssigkeiten keine Arbeit und reicht sie gleich weiter. Wirklich empfehlenswerte Durstlöscher sind deshalb Wasser und ungesüßte Tees, in Maßen Buttermilch und Kefir.

Edel Books
Ein Verlag der Edel Germany GmbH

Copyright © 2014 Edel Germany GmbH,
Neumühlen 17, 22763 Hamburg
www.edel.com
1. Auflage 2014

BRIGITTE Kochbuch-Edition ist eine Marke der Zeitschrift BRIGITTE
– Alle Rechte vorbehalten –

Alle Rezepte stammen aus der BRIGITTE.
Chefredakteurin BRIGITTE: Brigitte Huber
Stellvertretende Chefredakteurinnen: Claudia Hohlweg (Art), Claudia Münster

Projektleitung und Koordination: Jelena Jenzsch (BRIGITTE), Constanze Gölz (Edel)
Rezepte (Produktion und Foodstyling): BRIGITTE Kochressort
Rezeptauswahl: Antje Klein, Constanze Gölz, Julia Sommer
Texte: Antje Klein
Textlektorat: Andrea Lepperhoff
Lektorat und Redaktion: Constanze Gölz, Julia Sommer
Korrektorat: Brigitte Hamerski
Fotografien im Innenteil: Thomas Neckermann mit Ausnahme von Seite 101 von
Wolfgang Schardt und den Seiten 23, 25, 35, 37, 39, 41, 43, 71, 73, 81, 83, 107, 109,
129, 139, 141, 143, 145 von Ulrike Holsten
Coverfotografien: Wolfang Schardt mit Anne-Katrin Weber (Foodstyling) und
Maria Grossmann (Styling)
Layout, Satz und Covergestaltung: Lars Hammer und Carolin Beck für
Groothuis. Gesellschaft der Ideen und Passionen mbH, Hamburg | www.groothuis.de
Lithografie: edelweiß publish, Hamburg (Innenteil) und Frische Grafik, Hamburg (Cover)
Druck und Bindung: optimal media GmbH, Glienholzweg 7
17207 Röbel/Müritz

PEFC
PEFC/04-31-1846
**PEFC zertifiziert**
Dieses Produkt
stammt aus
nachhaltig
bewirtschafteten
Wäldern und
kontrollierten
Quellen
www.pefc.org

Printed in Germany
ISBN 978-3-8419-0297-9